Goodbye Italy

Autore: Francesco Bellini
Editor: Christian Francesco Schio

"Goodbye Italy" non è solo un resoconto delle difficoltà. È anche un invito alla riflessione su cosa potrebbe fare l'Italia per migliorare, per offrire opportunità più ampie a chi decide di rimanere. Perché, nonostante tutto, l'amore per l'Italia non svanisce mai.

Producido por Lanzaware

Francesco Bellini
GOODBYE
ITALY

Prefazione

"Goodbye Italy" è un racconto che nasce dalla riflessione su una scelta che molti italiani si trovano a fare, ma che pochi osano affrontare: quella di abbandonare la propria terra per cercare fortuna altrove. In un Paese che ama profondamente, ma che sembra sempre più lontano dalle opportunità che sogna, il protagonista Christian si trova a dover prendere una decisione difficile, ma inevitabile.

Christian è un giovane che, dopo aver provato con tutte le sue forze a costruire una vita soddisfacente in Italia, inizia a rendersi conto che le **barriere** culturali, economiche e politiche sono troppo alte per raggiungere i suoi obiettivi. La **burocrazia**, i **contratti precari**, la **disoccupazione** e la **difficoltà a fare carriera** sono solo alcune delle sfide che si frappongono tra lui e la vita che sogna. Nonostante l'amore per il suo Paese natale, Christian sente che per poter crescere, migliorarsi e realizzare se stesso, deve cercare un luogo dove il **potenziale umano** venga valorizzato e dove le **opportunità** siano davvero accessibili a chi ha voglia di lottare per esse.

"Goodbye Italy" non è una storia di fuga, ma di **scelta consapevole**. La ricerca di una nuova realtà dove il lavoro e la vita possano essere finalmente in sintonia con i suoi sogni e le sue aspettative. Inizia così un viaggio che, più che fisico, è una **ricerca interiore**, una **risposta a domande non ancora fatte**, ma che riflettono una realtà che è sempre più difficile ignorare. Un viaggio che non riguarda solo la geografia, ma anche il desiderio di reinventarsi, di trovare un posto dove le **sfide** siano ancora superabili, dove sia possibile **liberarsi** dalle difficoltà quotidiane e darsi una nuova chance.

Questo racconto non si limita a raccontare la storia di un uomo che lascia l'Italia, ma esplora le **ragioni profonde** che spingono una persona a cercare altrove, alla ricerca di quel **paradiso perduto** che spera di trovare in un luogo che sa di essere ancora da scoprire.

Attraverso gli occhi di Christian, **"Goodbye Italy"** vuole essere anche un invito alla riflessione su **ciò che significa restare** e **cosa significa partire**, sulle **sfide** che ciascuno di noi affronta nel proprio percorso, ma anche sulle opportunità che esistono quando si ha il coraggio di abbandonare la zona di comfort e seguire un sogno, anche quando sembra lontano. Alla fine, la domanda che rimane non è se partire sia la soluzione, ma se siamo pronti a **guardare oltre** e a **cambiare direzione**, per trovare il nostro vero posto nel mondo.

Francesco Bellini

L'Italia che non funziona più

Christian si svegliò, come ogni mattina, con la sensazione che la sua vita fosse una **replica** perfetta di quella del giorno precedente. Lo sapeva bene: il **caffè era sempre amaro**, l'**ora in cui si alzava dalla sua sedia** era sempre la stessa, il **traffico della città** lo aspettava sempre, come un vecchio amico che ti vuole farti sentire in colpa per ogni minuto che gli rubi. Ma soprattutto, lo sapeva bene, il **lavoro** continuava a non decollare.

Indossò i suoi soliti **pantaloni neri**, quelli che sembrano sempre più stretti ogni volta che li infila, ma che, in fondo, erano la sua uniforme di "**giornata da supereroe dell'ordinario**". Una t-shirt nera, come il resto della sua vita, completava il suo outfit. Non c'era niente di eccitante in quella scelta, nessun tocco di colore, nessuna voglia di **indossare qualcosa che potesse farlo sentire diverso**. No, quella mattina era solo un altro giorno grigio in cui **nessuno avrebbe visto il suo potenziale**. Nessuna novità, nessuna speranza. Eppure, qualcosa dentro di lui si ostinava a pensare: "Dai, sarà per oggi che succederà qualcosa di buono!"

Uscì dalla porta di casa, guardò il cielo grigio, quello che in fondo sembrava sempre la decorazione di un quadro appena finito e mai apprezzato. Una città che scorreva veloce, ma senza che nulla cambiasse. Le **auto** sfrecciavano veloci, come se avessero una destinazione, eppure, come sempre, finivano a **fermarsi** al semaforo rosso. Christian si infilò nella metropolitana, dove la sua unica compagnia era il rumore del **corto respiro delle persone**, ognuna con la testa abbassata, il volto illuminato dallo schermo di uno smartphone, l'unico oggetto che sembrava tenerli vivi, come a dire: "Non c'è molto da fare, ma almeno guardiamo delle facce virtuali."

La stazione era un **luogo di disconnessione**. C'erano **uomini e donne**, vestiti di fretta, che correvano per prendere il treno, mentre qualcuno si fermava davanti ai cartelloni pubblicitari, tentando di capire se c'era ancora un altro mondo, da qualche parte. Un paio di scarpe lucide di **uomo in giacca e cravatta** si fermarono davanti a lui. Un perfetto sconosciuto. Senza parole, senza niente di speciale. "Un altro di quei tipi da scrivania che si vendono per una cifra esagerata", pensò Christian, anche se sapeva che di lui, in fondo, non gliene importava nulla. Continuò il suo cammino, scivolando tra le folle, il pensiero fisso su ciò che lo aspettava: il suo ufficio.

"Ancora oggi, eh?", si disse guardando il suo orologio. Era ormai **l'ora dell'arrivo** e non c'era nulla di sorprendente. Entrò nell'ufficio come un **cane che si ritrova nella sua gabbia**, senza sapere se avrebbe mai trovato un'uscita. La sua scrivania era ancora lì, come ogni giorno, come se fosse una **pietra tombale** su un sogno che non aveva mai visto la luce. La **lampada sopra la sua testa** si accendeva e spegneva ogni tanto, come a **ridere ironicamente di lui**, come a suggerirgli che la sua vita era sempre più nella penombra.

E poi, l'**eterna fila per le pratiche burocratiche**. Oggi, come ogni giorno, c'era la **riunione dell'ufficio**, ma Christian sapeva già come sarebbe andata: **foglio di carta da firmare**, la **tazza di caffè** che sembrava sempre più amara, e **scartoffie da spostare da un lato all'altro** senza sapere se davvero ci fosse qualcuno che **leggesse** mai quelle pratiche. In quei momenti, la **burocrazia** diventava una montagna di **carta straccia**, pronta a seppellire ogni speranza di **progresso**.

"Ehi, Christian!" sentì una voce dietro di lui, un collega che gli sorrideva con un'espressione che non sapeva se fosse **compassione** o **simpatia involontaria**. "Oggi ci aspetta un bel timbro finale, eh?" Christian guardò il collega, il quale indossava una **camicia a righe**, un po' stropicciata, un po'

disorganizzata come la sua vita, e rispose con il solito **sorriso forzato**. "Sì, lo so, ce l'abbiamo quasi fatta. Questo è l'ultimo passo, no?" Una frase che si ripete ogni giorno come un **mantra** per cercare di nascondere la verità. La verità che **ogni passo** che faceva sembrava solo **avvicinarlo al nulla**.
Con la **penna** in mano, Christian guardò il foglio davanti a lui. Doveva firmare un'altra **pratica** che si perdeva tra mille altre. Il **timone di una nave** che continuava a girare senza mai cambiare rotta. Il **documento** era lì, ma la sensazione che Christian aveva era che non importasse a nessuno, nemmeno a lui. Ogni firma, ogni documento, sembravano parte di un gioco in cui il vincitore non esisteva mai. C'era sempre un altro **timbro** da apporre, una **firma da mettere**, una **data da segnare**, e Christian non riusciva più a capire se tutto questo lo stava davvero avvicinando al suo sogno o lo stava semplicemente **intrappolando** sempre più.
"Dai, oggi sarà diverso. Forse oggi succede qualcosa", pensò ancora una volta, con il cuore che batteva forte e la speranza che il sistema, questa volta, gli avrebbe dato una **possibilità**. Ma la verità era che, ogni giorno, quella stessa speranza sembrava sempre più debole. Eppure, Christian non riusciva a lasciarla andare.
Il **sorriso forzato** continuava, come una maschera che nascondeva il suo vero sentire, come una persona che cammina su una **corda sospesa** senza sapere se si sarebbe mai fermata. Ma doveva andare avanti. Doveva credere che, prima o poi, qualcosa sarebbe cambiato. Non sapeva cosa, non sapeva come, ma si ripeteva ancora una volta: "Dai, sarà per oggi che succederà qualcosa di buono!"
Durante la pausa pranzo, Christian si ritrovò, come sempre, al **bar sotto l'ufficio**, un angolo un po' trasandato dove i tavolini sembravano sempre troppo piccoli e le **sedie troppo basse**, come se volessero ricordarti che lì, nella vita, si stava **seduti per forza**, mai per scelta. Il posto era il classico bar milanese, di quelli dove **la luce artificiale** si mescolava con il fumo dei **cappuccini** e la **musica soft** di sottofondo sembrava voler

essere un'eco lontana di un jazz che nessuno ascoltava davvero. Le pareti erano piene di **manifesti pubblicitari** un po' sbiaditi, che mostrano prodotti di ogni tipo, dai più inutili ai più improbabili. La macchina del caffè sputava il suo rumore costante come un'eco di speranza, ma nessuno la prendeva sul serio.

Seduto al tavolo, con il cappuccino davanti, Christian cercava di nascondere un sorriso nervoso, mentre si univa alla conversazione che stava prendendo una piega decisamente interessante. Il suo collega **Giovanni**, un tipo con la **giacca sempre troppo larga** e un paio di **occhiali che sembravano rubati a un altro secolo**, stava cercando di spiegare, con una veemenza che non si sarebbe mai aspettato da lui, perché l'Italia non riuscisse mai a **decollare**. "Siamo il Paese dei belli, ma non del lavoro," disse, lanciando la frase come una **palla di neve** in mezzo a una discussione già **scivolosa**. Christian non poté fare a meno di ridere tra sé. "Siamo il Paese dei belli..." si ripeté mentalmente, mentre **Giovanni** sorseggiava il suo caffè con un'aria da **grande esperto**, come se fosse l'**economista del secolo** e non un uomo che aveva appena buttato **due euro e mezzo** per un espresso che non l'avrebbe mai cambiato la vita. "Sì, certo," pensò Christian, "belli, ma che facciamo per viverci, vendiamo sorrisi?"

Il barista, che aveva il **viso segnato dal tempo** e dal lavoro alle **macchine da caffè**, lo guardò un attimo, come se volesse dire qualcosa, ma poi si limitò a fare un segno con la testa, come a confermare che, in fondo, i discorsi di **Giovanni** non erano così lontani dalla realtà. Sorrise stancamente e si voltò a preparare l'ennesimo caffè.

Nel frattempo, la discussione continuava. **Marco**, l'altro collega di Christian, un tipo **sportivo** con la maglia della **Juventus** sotto la giacca e l'aria di chi vorrebbe essere da qualche altra parte, ma che comunque restava perché pensava che "in fondo, tutto sommato, ci si abitua", prese la parola con un tono più serio. "La colpa è della politica, ragazzi. Hanno ridotto tutto a un gioco di **poltrone**! Non ci sono idee, non ci sono progetti! C'è solo una **messa in scena** ogni cinque anni!"

Christian, che stava già finendo il suo cappuccino, lo guardò. **Marco** alzava le mani come se stesse **parlando a una platea di 100 persone**. Ma in quel bar, con i piatti **mezz'ora fuori posto**, i **tovaglioli di carta sgualciti** e la macchia di **caffè sul muro** che sembrava un'opera di **arte astratta**, sembrava quasi che ogni parola si perdeva nell'**aria stagnante** del locale. Christian si sentì come se stesse vivendo una **commedia** in diretta, un'**improvvisazione** di **quella recita da bar** che si ripeteva ogni giorno.

"Politica, eh?" Christian rispose, alzando le sopracciglia in segno di ironia. "Certo, Marco. La politica, sì. Ma tu non pensi che siamo tutti un po' complici? Voglio dire, guarda te: siamo **qui a chiacchierare**, a dire che tutto è da rifare, e poi ci **ritroviamo a fare sempre le stesse cose**, senza cambiare mai nulla!"

Giovanni, che aveva appena abbassato il bicchiere di caffè, lo guardò perplesso. "E che dovremmo fare, secondo te? Se non ci sono i soldi, le risorse, il supporto... dove dovremmo guardare?"

"Eh, infatti!" esclamò Marco. "C'è anche la **mafia**, che prende tutto e lascia le briciole a chi vorrebbe fare davvero qualcosa!" Quello fu il punto in cui la conversazione si spostò a una **teoria che non finiva mai**. Ognuno di loro, come se avesse appena ricevuto un permesso speciale per parlare senza filtri, iniziò a **lanciare** le proprie teorie su cosa impedisse all'Italia di **decollare**. **Giovanni** continuava a parlare della **politica**, **Marco** a **denunciare** la **mafia**, mentre Christian, con il suo cappuccino ormai freddo, iniziava a sentirsi come se fosse parte di un **puzzle** che non riusciva mai a trovare il suo pezzo giusto.

"Insomma, nessuno sa veramente cosa fare," pensò Christian, osservando i loro volti. Giovanni che, con la sua **pelle chiara** e il **collo sempre un po' rigido**, sembrava sempre a metà strada tra un **professore d'università** e un

appassionato di caffè. Marco, invece, con la sua **maglia della Juventus**, che ogni tanto lanciava una battuta divertente, cercava di restare serio come se ogni sua parola fosse **una sentenza sul futuro del Paese**. Era quasi comico, ma dolorosamente vero. Si trattava sempre di **teorie** e nessuna pratica.

Christian si sentiva intrappolato in una **trappola di chiacchiere**, dove nessuno sembrava davvero disposto a **fare qualcosa**. E lui, lì, a sorseggiare un cappuccino che gli sembrava sempre più **amaro**, pensò tra sé: "Forse dovrei fare anch'io un po' di teoria. Così, al meno, posso partecipare anch'io a questa commedia!"

E, mentre si sollevava per versarsi l'ultimo goccio di caffè, sentì una risata distante. **Giovanni** stava ridendo per qualcosa che Marco aveva appena detto, e Christian, con un sorriso quasi **sarcastico**, si accorse di quanto la **vita fosse diventata** una **routine di battute inutili** e discussioni senza fine.

Con il cappuccino ormai finito e una **pancia piena di parole**, Christian decise che, forse, doveva trovare un posto dove tutto questo non fosse solo **chiacchiere da bar**. "Sarà per oggi che succederà qualcosa di buono?" si chiese, guardando ancora una volta il bicchiere vuoto davanti a sé, come se in quella domanda ci fosse la risposta che stava cercando.

La vita di Christian sembrava una **continua rincorsa contro il tempo**, come quella di un **hamster** intrappolato nella sua ruota. Ogni mattina si svegliava con un senso di **sospensione**, come se ogni giorno fosse uguale al precedente, ogni passo una replica perfetta del giorno prima. Il suo **caffè**, che aveva la stessa temperatura della sua **routine** – né troppo caldo, né troppo freddo – non riusciva mai a dargli la carica che cercava. Si infilava i suoi soliti **pantaloni neri**, che non avevano più la lucentezza di un tempo, e una **t-shirt nera** che ormai sembrava più un **camuffamento** che un vero stile. I **suoi vestiti** parlavano di **uniformità**, di un tentativo costante di non farsi notare, di non far emergere il **grido di solitudine** che si faceva sempre più forte dentro di lui.

Ogni mattina, l'**alarm clock** lo svegliava con una precisione militare, mentre i **suoi pensieri** erano sempre gli stessi: "Oggi ce la farò, oggi cambierà tutto". Ma poi, come una sentenza, si trovava a fare il suo solito tragitto fino all'**ufficio**, lottando contro il **traffico** come un soldato che sa che la battaglia è già persa prima di iniziare. Non c'erano **sorprese** nel suo cammino. La **metro**, sempre uguale, la **stessa stazione**, la stessa **folla** di persone, **ogni volto indifferente**, perso nei propri pensieri o nel proprio telefono.

Arrivato in ufficio, il **rituale** era sempre lo stesso. Si sedeva alla **scrivania** che ormai sembrava un mobile che respirava insieme a lui. La **luce artificiale** che pendeva sopra la sua testa non faceva che aumentare il senso di **oppressione**, ma lui si adattava. Come facevano tutti gli altri. Ogni giorno passava, in modo identico, con gli stessi **colleghi**, gli stessi **progetti** che iniziavano sempre con l'entusiasmo di una **novità**, ma che presto finivano nel **dimenticatoio** per l'incapacità di decollare. I **contratti precari** si susseguivano, uno dietro l'altro, come una **fila di domino** pronta a cadere. I **colleghi** erano troppo impegnati a pensare a come **salvare il proprio posto** che non si accorgevano mai della **lotta interiore** che Christian affrontava ogni giorno.

"Un altro progetto morto prima ancora di partire," pensava Christian, mentre guardava le **scartoffie** sul suo tavolo, che sembravano moltiplicarsi come se avessero vita propria. Ogni volta che finiva di compilare un **documento**, ne trovava un altro che lo aspettava, pronto a rubargli qualche altra **ora della giornata**. I **colleghi** lo guardavano con **invidia**, perché lui, **Christian**, sembrava essere quello che stava cercando sempre di **proporre qualcosa di nuovo**, ma alla fine si ritrovava a **battere contro il muro dell'indifferenza**. "Se solo avessi un po' di **fortuna**", pensava, "un po' di **spinta politica** o un **amico giusto** al momento giusto". Eppure, le opportunità sembravano sempre riservate a chi aveva qualcosa che lui non aveva mai avuto: **un buon cognome** o una **connessione potente**.

E allora, con una risata nervosa, Christian si domandava: "**E se mi licenziassi?** Cosa succederebbe se invece di rimanere qui a **perdere tempo**, decidessi di fare qualcosa di più radicale?" Si vedeva già con un **telefono in mano**, una **tazza di caffè**, e una **scorciatoia per l'influencer** più in voga del momento. "Dovevo solo scegliere un argomento: che ne dici di parlare di come **vivere felici nella burocrazia**? O forse **come sopravvivere in un Paese che ti fa sentire invisibile?**"

La sua **risata nervosa** riecheggiò nell'ufficio, ma nessuno la sentì, come se quel suono fosse destinato a rimanere intrappolato tra il suo cuore e il **monitor** del computer. "Forse mi manca solo il coraggio di fare il passo definitivo", pensò, riprendendo la sua solita **routine** di e-mail, telefonate e **riunioni inutili**. Si guardò allo specchio per un secondo, il volto stanco che rifletteva il peso di ogni **mattina identica**, ma cercò di darsi un po' di speranza. "Dai, Christian, oggi sarà diverso."

A poco a poco, il suo **spirito di iniziativa** sembrava scemare. Era come se la **creatività** che una volta lo animava si stesse lentamente **sbiadendo**, come un foglio di carta lasciato troppo tempo al sole. Era ancora in grado di avere idee, certo, ma ogni volta che le esprimeva, si trovava davanti a un **muro** di **indifferenza** e di **mancanza di opportunità**. Nonostante la sua voglia di fare, la **spinta** che una volta lo faceva alzare ogni mattina ora sembrava soffocata sotto una **montagna di documenti** e **scartoffie**.

A volte si chiedeva se tutto questo fosse davvero **vivere**, o se stesse semplicemente **sopravvivendo** a un sistema che non lo capiva. "Forse non c'è davvero posto per persone come me," pensava, guardando le **scarpe** lucide dei colleghi che passavano accanto a lui, pronti a **fare carriera**, a **fare dei soldi**, a **salire su quella scala** che sembrava fuori dalla sua portata.

Eppure, continuava a lottare, a cercare di **adattarsi** a un sistema che non sembrava avere spazio per chi voleva davvero cambiare. Come un **cammino senza fine**, un **sogno che svanisce** appena ti avvicini troppo a realizzarlo. E alla fine, pensava: "**E se tutto ciò fosse solo una grande burla?**" Un **gioco di prestigio** dove chi ha i soldi, le connessioni o il **timbro giusto** riesce sempre a passare in cima, mentre gli altri restano a **guardare dalla finestra**.

Poi, ridendo nervosamente per l'ennesima volta, si ripeté tra sé e sé: "**Dai, oggi sarà diverso**. Forse..."

La sua speranza si perdeva in quella **risata nervosa** che, però, non riusciva mai a liberarlo del tutto.

La sera, dopo una lunga giornata di **travagliosi compromessi** con la **burocrazia** e i colleghi, Christian si ritrovò a incontrare alcuni amici in un **bar di quartiere** che aveva sempre avuto il suo fascino sbiadito, come un vecchio cinema che non proiettava più film, ma restava aperto solo per i nostalgici. Il posto non aveva **glamour**, ma c'era qualcosa di confortante nel vederlo sempre lì, in fondo alla via, con i suoi **tavoli di plastica** e le **sedie arrugginite** che sembravano sussurrare "nessuno ti giudica qui".

Paolo, il suo amico più fraterno, lo stava aspettando al bancone, come al solito con la **giacca blu** che sembrava essere diventata parte del suo corpo. Non era elegante, ma neppure trasandato. **Paolo** era un tipo pratico, sempre pronto a saltare da un impegno all'altro, a stringere mani e a fare promesse con la stessa intensità con cui avrebbe ordinato una birra. Il suo sorriso era **ironico**, come se avesse smesso da tempo di prendersi troppo sul serio. Ma sotto quella **maschera** c'era sempre una sorta di disillusione.

"Ti sei fatto una ragione, Christian," disse **Paolo** con un tono che era allo stesso tempo leggero e profondo. "Sei solo un altro dei tanti," aggiunse, sollevando il bicchiere come per brindare alla **triste verità**. Non aveva neanche bisogno di essere ironico, perché **la realtà** era già di per sé abbastanza amara.

Christian si sedette, sentendo l'odore del **caffè bruciato** che invadeva la stanza come un **giallo** che non riusciva a sbiadire. La **luce al neon** sopra il bancone sembrava più una **lampadina di un ufficio** che un ambiente accogliente. Gli amici erano sparsi in giro, **alcuni seduti**, **altri appoggiati al bancone**, ma tutti con lo sguardo fisso, come se cercassero di guardare fuori da una finestra senza vedere nulla. O meglio, come se tutti stessero cercando di **osservare il futuro**, ma con la sensazione che il futuro fosse ormai un **luogo lontano**.

"Ti vedo pensieroso, Christian," disse **Luca**, un altro amico di vecchia data, il cui **giubbotto di pelle** sembrava la sua armatura, ma con un senso di **usura** che aveva ormai preso il sopravvento. "Sì, ti capisco," disse, ma senza fare domande. Perché lo sapevano tutti, in fondo: **l'Italia** non offriva più quello che avevano sognato da ragazzi. Luca, come tanti altri, aveva deciso che quella vita non gli bastava più. "Germania," disse con un sorriso che sembrava stanco ma sincero. "Stipendi alti, opportunità vere, niente burocrazia da barzelletta."

Christian guardò Luca, cercando di mascherare quel piccolo **fiotto di invidia** che gli faceva scorrere una corrente di **amarezza** lungo la schiena. Luca aveva deciso di lasciare. E lui? Christian si chiedeva: **perché rimaneva lì?** La sua risposta, sebbene non fosse mai stata chiara, sembrava essere una **paura silenziosa** che si nascondeva dietro la sua **comoda apatia**. Ma **la verità** era che quella paura era più una paura di **agire** che di **perdere** qualcosa. Non si sentiva pronto a **partire**, ma allo stesso tempo si sentiva intrappolato nel suo **vizio di rimanere**.

"Spagna, Australia…," continuò Luca, mentre raccontava la sua esperienza da **expat**, come se fosse un racconto più di **fantasia** che di **realtà**. "Tutto è più facile là. La gente non si lamenta, lavora, cresce." Poi si fermò, posando il bicchiere sul tavolo con una leggera **forza**, quasi a voler sottolineare il punto. "Perché restare, Christian? L'Italia ti mangia vivo."

"Perché non posso, Luca. Non so… non sono pronto," rispose Christian, cercando di sembrare **tranquillo**, ma con un'ombra di frustrazione nelle parole. Il **cappuccino** che teneva tra le mani sembrava diventato più un oggetto di **consolazione** che un piacere, e la **schiuma** sulla superficie sembrava rivelare **l'amarezza** che non riusciva a nascondere. Si fermò a pensare per un momento, osservando le **tazze vuote** sul tavolo, i **bicchieri di plastica** stracolmi di **caffè freddo** e **fumo**. "Forse mi piace l'idea di lottare. Di non arrendermi."

Gli altri risero, ma era una risata che non sapeva di **ironia** quanto di **complicità**. Quella risata che sembrava più un **tentativo di coprire il vuoto** che una vera reazione alla situazione. "Lottare?" disse Paolo, con il suo sguardo sempre divertito. "Lo so, amico, ma la lotta è faticosa quando non c'è nemmeno una **strada** da seguire. È come andare alla ricerca di **un posto dove non c'è niente** da trovare."

Christian guardò i suoi amici, **i volti che una volta condividevano lo stesso sogno**, ma che ora si preparavano a **lasciarsi tutto alle spalle**, con la certezza che **altrove** ci fosse una **vita migliore**. Erano partiti. E lui? Lui era ancora lì. Ancora con la **speranza** che qualcosa cambiasse, ma con la **consapevolezza** che ogni giorno che passava, la sua **decisione** diventava sempre più difficile.

"Mi scuso se ti metto in difficoltà," disse Luca, notando il silenzio che seguì le sue parole. "Ma tu, Christian, non puoi rimanere in un posto dove ogni sogno è ridotto a **un bicchierino di plastica** vuoto. Se vuoi qualcosa di diverso, devi cambiare."

Un altro giro arrivò con una velocità che sembrava voler sigillare una scelta che non era mai stata pronunciata ad alta voce, ma che rimaneva comunque sospesa nell'aria. Christian guardò il **bicchiere** vuoto. La risposta che cercava si nascondeva nel rumore delle **bottiglie** che si scontravano tra loro, nei **frammenti di discorsi** che non avevano **veramente più significato**.

Gli amici avevano già preso la loro strada. Ora, era il suo turno. Ma come? Dove? Il **suo posto**, doveva ancora trovarlo. La mattina della riunione, Christian si svegliò con una sensazione di **energia inaspettata** che gli pulsava sotto la pelle. Aveva preparato tutto con la **precisione di un orologiaio**, come se quel momento fosse l'**occasione che avrebbe finalmente cambiato le cose**. Il suo **progetto** era pronto, le **idee chiare**, e si sentiva pronto a dimostrare quanto valesse, a quei pochi che finalmente avrebbero potuto **vederlo** per ciò che era davvero. Il suo abito, ben scelto, era il **giusto compromesso** tra il voler sembrare **professionale** e il non voler sembrare troppo **serioso**: una **camicia bianca** (ancora impeccabile, come il suo spirito di speranza), un paio di **pantaloni grigi** che cadevano perfettamente, e una **giacca** che sentiva quasi come un'armatura, anche se un po' **troppo larga**, come se non appartenesse a lui.
Quando arrivò alla sede della riunione, il **suo passo** era deciso, ma il suo cuore, come un tamburo lontano, batteva troppo forte. Ogni **porta** che apriva, ogni **corridoio** che percorreva, sembrava condurlo sempre più vicino al suo **destino** – o almeno, così pensava. Arrivato nella **sala riunioni**, un'ampia stanza con un **tavolo ovale** al centro, Christian si fermò per un attimo e respirò profondamente. La **luce artificiale** che pendeva dal soffitto gettava ombre strane sulle pareti bianche, e la stanza sembrava quasi un luogo senza tempo. Come se tutte le **decisioni importanti** si fossero già prese in quel **vuoto sterile** prima che lui arrivasse.
Poi, entrando, i membri del comitato, seduti attorno al tavolo, lo accolsero con **smorfie di interesse**, ma non quella **carica di curiosità** che sperava. No, tutto sembrava più una **sceneggiatura già scritta**, una di quelle **scene** in cui i protagonisti sono già decisi, e ogni parola che esce dalla bocca di Christian sembra già essere predestinata a **scivolare via senza lasciare traccia**.

"Christian, bene, sei puntuale. Hai preparato bene, immagino," disse **Francesco**, il capo della riunione, con una voce che aveva il tono più di un **commissario di polizia** che di un **mentore incoraggiante**. La sua cravatta **blu scuro** sembrava un **cappio** metaforico, non un simbolo di **autorità**, ma piuttosto di un'autorità che si sentiva ormai logora, stanca, quasi come un **vecchio treno in disuso**.
Christian, con la **cartella** sotto il braccio, sorrise e annuì, cercando di non lasciare che la **tensione** gli giocasse brutti scherzi. "Sì, ho preparato tutto," rispose, la sua voce che tremava leggermente più di quanto avesse voluto. Ma **l'adrenalina** aveva già preso il sopravvento. Si avvicinò al **proiettore** con la speranza di fare una **buona impressione**, di **entrare nella zona giusta** dove ogni parola sarebbe stata ascoltata, dove ogni slide avrebbe trovato il giusto **impatto**.
Il **primo click** del proiettore fu l'inizio di una lunga, inesorabile serie di **silenziosi insuccessi**. Ogni **diapositiva** che cambiava sullo schermo sembrava non suscitare alcuna reazione. Un paio di sguardi persi nel **vuoto**, un paio di **note sulla tastiera** di qualche collega distratto. La sua voce sembrava ormai una **musica di sottofondo**, qualcosa che esisteva, ma non veniva mai **realmente ascoltata**.
"Interessante," disse **Giovanni**, uno dei membri del comitato, ma con un **tono neutro**, quasi a voler sembrare interessato, ma senza troppa convinzione. Si appoggiò allo schienale della sedia, e mentre Christian parlava, lo guardò come se stesse parlando con **qualcuno che stesse cercando di vendere una macchina usata: scetticismo e disinteresse**.
A quel punto, Christian si sentiva come un **attore di una commedia tragica**, mentre vedeva i suoi sogni lentamente **sbiadire** tra le **fessure del tavolo** e delle **espressioni imperturbabili**. "Forse sono io che non riesco più a parlare il linguaggio di questi luoghi", pensò. La sua passione, le sue idee, sembravano essere state **masticate e rilasciate senza alcun gusto**. Ogni parola sembrava trovare il suo posto solo

in una **sala vuota**, nel suo cuore che batteva sempre più forte, ma non per il **successo**.

Alla fine della presentazione, quando tutto era finito, i **commenti** arrivarono come una **pioggia leggera**, ma senza alcuna vera sostanza. "Sì, interessante... ma dobbiamo vedere un po'... la direzione..." disse Francesco, con un movimento della mano come se stesse scacciando un **moscerino fastidioso**. "Dobbiamo analizzare meglio i costi..." aggiunse un altro membro, una donna dal viso troppo serio che non sollevò nemmeno lo sguardo dalle sue **note**.

Christian, con un sorriso forzato che sembrava ormai una **maschera** sul suo viso, raccolse i suoi **documenti** e la sua **cartella**, mentre sentiva il peso di quelle parole che non sarebbero mai diventate **opportunità**. La riunione si concluse rapidamente, con un paio di promesse vaghe e un **caffè** che veniva servito ai partecipanti come se fosse un simbolo di **ritorno alla normalità**, ma con l'amaro **sapore di sconfitta** che aleggiava nell'aria.

Seduto nella sua macchina, mentre il **traffico** si muoveva lentamente intorno a lui, Christian ridacchiò nervosamente. "Forse il vero sogno italiano è diventare esperti nel **non fare nulla**", si disse, guardando la **tazza di caffè** ormai fredda sul sedile accanto a lui. Quel caffè, come la sua **carriera**, si stava raffreddando rapidamente, e lui non riusciva più a capire se fosse **tristezza** o **rassegnazione** quella che gli stringeva il cuore.

Christian si trovava seduto alla sua scrivania, l'ennesima giornata passata a cercare di fare ordine in un mondo che sembrava non capire il suo bisogno di **cambiamento**. Il **monitor del computer** lo guardava con occhi spenti, illuminando la sua faccia stanca con una luce fredda, quasi chirurgica. Le **finestre** dell'ufficio erano socchiuse, e il **rumore della città** filtrava dentro come un sottile **sussurro** che raccontava storie di gente che correva, mentre lui, con i suoi pensieri, sembrava essere intrappolato in una **ragnatela** che non riusciva più a sciogliere.

Ogni **clic** sulla tastiera sembrava ormai un gesto meccanico, privo di quella **spinta di passione** che una volta aveva caratterizzato ogni sua azione. Il **progetto** che stava cercando di finalizzare era **morto sul nascere**, avvolto tra **scartoffie** che nessuno mai avrebbe letto, e promesse che nessuno avrebbe mai mantenuto. "Perché continuo a fare tutto questo?" si chiese Christian, guardando la **mappa** della sua vita che sembrava una **strada sterrata** che non portava mai a nessun **incrocio** interessante. Si sentiva come un **puzzle incompleto**, le cui **piezze** erano **sparite** o mai esistite.

La risposta che cercava non sembrava mai arrivare, ma oggi, per la prima volta in **mesi**, la domanda risuonava forte nella sua testa: **"E se fosse il momento di fare qualcosa di diverso?"** Non era una domanda che gli portava tranquillità, anzi, si portava dietro un **peso** che gli schiacciava il cuore, ma allo stesso tempo c'era qualcosa di **liberatorio** in quella riflessione. Quella domanda lo aveva spinto a guardarsi allo specchio, per la prima volta in tempo, e a **vedersi davvero**, senza il filtro della **rassegnazione** che gli aveva permesso di vivere ogni giorno senza **sognare davvero**. La **sedia girevole** su cui era seduto scricchiolò, ma lui non si mosse, come se il rumore fosse un **richiamo** a quella decisione che stava già prendendo forma.

Il riflesso che vedeva davanti a sé nel vetro del **monitor** non era il Christian che aveva conosciuto anni fa. Quello era un uomo con gli **occhi spenti**, il **viso tirato**, che sembrava aver perso la **luce** che un tempo lo accompagnava. Eppure, c'era qualcosa di **diverso** in lui oggi. Forse il fatto che **ogni respiro** stava iniziando a **pesare** meno, come se finalmente si fosse accorto che quella vita, quella carriera, quella strada, non erano più **sostenibili**. "Perché devo continuare a rimanere qui?" si chiese di nuovo. "Cosa sto cercando veramente?"

Gli **oggetti sulla scrivania** non sembravano più parte di un ambiente familiare. La **penna rossa** accanto al suo quaderno di appunti sembrava una **figura di troppo**, la **tazza di caffè**

fredda che aveva ormai bevuto sembrava solo un simbolo di quella **rutinaria indifferenza** che lo aveva accompagnato negli ultimi anni. Christian alzò lo sguardo, cercando di trovare un segno, qualcosa che gli dicesse che stava facendo la scelta giusta, ma nulla gli rispose.

Il **telefono** vibrò sulla scrivania, ma non lo guardò nemmeno. Quella piccola vibrazione, quel **rumore insignificante**, sembrava il simbolo perfetto della sua vita: piccole scosse di vitalità che non lasciavano alcun **segno** nella realtà. "Ogni giorno è così," pensò, mentre con un gesto automatico si alzava dalla scrivania e si avvicinava alla finestra. Guardava fuori, il cielo grigio che sembrava farsi sempre più scuro, e il **traffico della città** che sembrava **fluire** in modo caotico. "Dove vanno tutte queste persone?" si chiese. "Anche loro sono come me? Corrono senza sapere perché?"

La risposta a questa domanda arrivò come un lampo, un **pensiero chiaro** che spazzò via la nebbia. Christian non era più disposto a seguire una **strada che non lo portava da nessuna parte**. Era stanco di aspettare **l'occasione giusta**, quella che sarebbe arrivata "**domani**". La verità era che il **domani** non esisteva. Se voleva qualcosa di diverso, doveva **andarlo a cercare**, doveva **fare qualcosa di radicale**, doveva prendere una **decisione**.

Con un sorriso che mescolava **entusiasmo e paura**, Christian fece il primo passo. Non lo capiva nemmeno lui, ma sapeva che **quel passo** doveva essere fatto. Le **incertezze** che lo attanagliavano da anni sembravano svanire all'improvviso, come **nebbia che si dissolve** al primo raggio di sole. Non sapeva cosa lo aspettava, non sapeva se avrebbe davvero **realizzato se stesso** o se si sarebbe ritrovato a **fallire** di nuovo, ma una cosa gli era chiara: **restare immobile** sarebbe stato peggio. Il rischio di non provare nulla, di non fare nulla, sarebbe stato il suo **vero fallimento**.

Quella mattina, Christian aveva finalmente deciso di **cambiare la sua vita**, di **cercare altrove** ciò che in Italia non

trovava più. Il **cuore gli batteva forte**, ma questa volta non era **paura**. Era la **spinta che lo faceva sentire vivo** di nuovo. Guardando la sua **cartella** che portava sempre con sé, pensò: "Forse è davvero il momento. Il sogno di un nuovo inizio… è ora." E con quella consapevolezza che gli riempiva gli occhi di una nuova **luce**, Christian fece il primo passo verso l'ignoto, con un sorriso che, seppur **incerto**, conteneva la forza di chi finalmente aveva preso una **decisione**.
Fu così che Christian scelse di **vivere**, finalmente.

Frustrazioni ed un sogno

La giornata di Christian iniziò, come sempre, con il suono della **suoneria** del suo **telefono** che squillava per svegliarlo. Un suono che non era più un richiamo al nuovo giorno, ma piuttosto una **musica di sottofondo** che accompagnava la sua **rutinaria sveglia**. **Alzarsi** non era più una conquista, ma un gesto meccanico che lo portava lentamente alla realtà di un giorno che non avrebbe mai cambiato nulla. Ogni mattina sembrava una replica perfetta dell'altra. Le **lenzuola stropicciate**, il **caffè caldo** che sembrava essere sempre lo stesso, e quella sensazione di **inutilità** che si mescolava al sapore del latte che scivolava giù.

"**Oggi potrebbe essere diverso**, no?" pensava, come ogni giorno, mentre si infilava i **pantaloni neri** che, a forza di indossarli, sembravano farsi più **grigi** con il passare del tempo. Indossò una **t-shirt nera**, che avrebbe dovuto dare una sorta di eleganza minimalista alla sua giornata, ma che ormai sembrava essere più una **maschera** per nascondere l'**apatia** che si era radicata dentro di lui. Non c'era nessun abito che potesse nascondere quella **sensazione di monotonia** che gli si attaccava addosso, come il **colore spento della città** che vedeva fuori dalla finestra ogni volta che si avvicinava alla sua scrivania. Ma era il suo **uniforme**. Un modo per non affrontare la realtà. Eppure, c'era quella **piccola speranza**, quella sensazione che, prima o poi, la sua vita sarebbe stata **diversa**.

Arrivato in ufficio, tutto sembrava già predestinato. Ogni angolo, ogni scrivania, ogni **insegna del bagno**, era parte di una routine che Christian conosceva ormai come la propria **ombra**. La stessa macchina del **caffè**, che ogni mattina accoglieva la sua stanchezza con il suono ritmato del suo **rumore** metallico, sembrava più un'**ancora di salvezza** che una **coccola mattutina**. La stessa faccia di **Giovanni**, che perennemente fissava il suo schermo con l'aria di chi stesse cercando di risolvere il mistero della **vita** con un clic su una tastiera. Eppure Giovanni non sembrava avere né i **problemi** né le **ansie** che Christian stava affrontando. Giovanni si limitava a fare il suo **gossip** quotidiano, a parlare di quelle storie che **non cambiavano mai**.

"**Cosa c'è di nuovo?**" disse Giovanni senza alzare lo sguardo dallo schermo, come se stesse recitando una parte. Christian lo guardò per un attimo e, per la centesima volta, si ritrovò a fare la stessa domanda a sé stesso: "Cosa c'è di nuovo?" Il progetto che stava cercando di portare avanti da settimane giaceva lì, davanti a lui, come una **scatola chiusa**, senza possibilità di **aprirla**. Ogni nuova proposta che aveva fatto sembrava essere **respinta**, ogni idea che tentava di lanciare veniva ritenuta **inutile**. La sua sensazione di **stallo** era **irritante**, eppure, la sensazione che provava ogni volta che guardava i suoi **colleghi** sembrava quasi **grottesca**. Loro, seduti alla loro scrivania, giocavano con le **email**, commentavano i **social** e si passavano qualche **biscotto** mentre il lavoro avanzava come una **carriola senza ruote**. La sua vita lavorativa sembrava un gioco a **scacchi** dove, **puntualmente**, ogni sua mossa risultava **sbagliata**.

Sospirò mentre guardava le **scartoffie** che aveva accumulato in una **montagna** che sembrava crescere ogni giorno. Ogni volta che tentava di fare un passo in avanti, una **nuova burocrazia** lo fermava, una **firma mancante**, una **pratica da rivedere**, un **altro incontro** senza senso. La sua vita lavorativa era **incastrata** in un **circuito** che non lo conduceva da nessuna parte. Ogni tanto, sollevava gli occhi dal monitor e guardava l'orologio: "**Ecco, sono già passate due ore**, e non ho fatto nulla di quello che mi ero ripromesso."

La **routine** era più di un semplice **schema quotidiano**, era diventata una **gabbia** invisibile che si stringeva sempre di più. "Eppure, sono ancora qui, a fare la mia parte," pensava, sorseggiando un **caffè amaro** che sembrava **saporito solo nel primo sorso**, ma che alla fine si rivelava **più aspro** del previsto. La **burocrazia** si faceva sentire come una **cappa** invisibile che lo sovrastava. Ogni email che inviava sembrava **sparire nel nulla**, ogni **colloquio** finiva con un promemoria e qualche **compito aggiuntivo**, ma senza un vero **senso di progressione**. Le **ore** passavano, e lui si ritrovava a fare il **contatore** delle sue ore di lavoro, più che a costruire qualcosa di concreto.

Durante una delle sue consuete **pause caffè**, Christian si guardò intorno. I colleghi sembravano essere più impegnati a **discutere** di chi avesse visto l'ultimo **film su Netflix** o quale fosse il **ristorante migliore** in città. Nessuno sembrava avere quella **voglia di fare** che aveva animato Christian anni fa, quando si era **lanciato** in questo lavoro con **entusiasmo**. Ora, tutto sembrava una **farsa**. Un gioco di **appuntamenti** inutili e **frasi fatte**.

Quando tornò alla sua scrivania, Christian si fermò un momento davanti al **monitor**. Guardò la sua **cartella aperta**, con il progetto che non decollava. Gli venne in mente l'immagine di un **aereo** che cercava di decollare, ma che non riusciva a sollevarsi dal **suolo**. Ogni volta che cercava di salire, c'era sempre qualcosa che lo tratteneva, una **molla invisibile** che lo spingeva sempre più giù. E così, il suo lavoro si sentiva come un **aereo fermo sulla pista**, pronto a partire ma mai davvero in grado di volare.

Con un **sospirone**, Christian pensò che, forse, il vero **problema** dell'Italia fosse proprio quello: un paese che **non decolla** mai, un sistema che **stagna** mentre il resto del mondo sembra correre avanti. "Forse non sono io che non ce la faccio," pensò. "Forse è il sistema che non mi lascia decollare."

Christian si trovò a fissare per l'ennesima volta il **conto corrente** sullo schermo del suo **telefono**. Il numeretto che appariva in alto, davanti ai suoi occhi, non faceva che aumentare la sensazione di **esaurimento** che da giorni, forse da settimane, lo accompagnava. La **somma** continuava a scendere, come il livello di **benzina** di un'auto che sa che non arriverà mai a destinazione. Eppure, non c'era **niente di lussuoso** o **stravagante** nella sua vita. Il suo stipendio, sebbene lontano dai vertici della **scala salariale**, doveva bastare per una vita **normale**. Ma Christian si era accorto che la **normalità**, a Milano, era una **trappola** travestita da routine. **Bollette**, **affitto**, **spese quotidiane** che sembravano moltiplicarsi ogni giorno come **cavallette** in una serra. A volte gli sembrava di **affrontare una guerra** contro un nemico invisibile, un nemico che non dorme mai e che prende più di quello che gli viene offerto. Quando arrivava il mese, **l'invio dei pagamenti** sembrava una **condanna** più che una routine. Ogni volta che cercava di mettere via qualche soldo, c'era sempre qualcosa che si presentava a fare piazza pulita. **Un'auto da riparare**, una **visita medica urgente**, un **regalo di compleanno** che, proprio quel mese, sarebbe stato **obbligatorio**. Non c'era nulla di **esotico** o di **sovrabbondante** nelle sue spese. Non si trattava di vacanze **luxury** o di vestiti firmati. Si trattava solo di **survivere**. Eppure, anche questo gli sembrava sempre più difficile. Ogni mese, il **saldo finale** sembrava scendere sempre più velocemente.

Ogni piccolo **compromesso** lo faceva sentire più in gabbia. Christian non riusciva più a ricordare l'ultima volta che si fosse **concesso qualcosa di veramente suo**, senza pensare prima a **quanto** gli sarebbe costato. Se si fermava a pensare, non riusciva nemmeno più a ricordare come fosse il **sapore di una pizza decente**, o di una **birra artigianale** bevuta senza calcolare le monete che rimanevano alla fine della giornata. Ogni cena fuori, ogni caffè con gli amici, sembrava diventare un **lusso proibito**, una **tentazione di troppo** in un mondo che ormai lo aveva ridotto a **numeri**.

"Non posso credere che il mio stipendio non basti nemmeno per una pizza decente," pensò, lasciandosi scivolare le mani tra i capelli. **Cosa stava sbagliando?** Forse **non stava guadagnando abbastanza**. Ma non era solo una questione di soldi, no? Era la sensazione di essere bloccato in una

scacchiera dove le mosse erano già scritte, e lui sembrava sempre essere **costretto a muoversi** senza mai poter **scivolare fuori dal bordo**. La frustrazione cresceva come una **nebbia che avvolge** tutto, e non c'era **via d'uscita**. Solo un piccolo **boccone di speranza** che ogni tanto si faceva strada, ma che, altrettanto velocemente, veniva soffocato da nuove scadenze.

Si avvicinò alla finestra, con il **viso stanco** e l'aria di chi sta cercando di **sopportare qualcosa che non riesce più a digerire**. Guardò fuori, dove le **auto** passavano senza fermarsi mai, proprio come il suo **giorno**. Lo stesso giorno che lo vedeva sempre lì, a girare su se stesso, senza mai arrivare dove voleva. Quella città che correva, e lui che non riusciva nemmeno a **salire su un treno** che lo portasse in **una direzione migliore**.

"**Forse questo è il vero problema dell'Italia**, no?" si disse, mentre scivolava in un pensiero che gli dava **un senso di amarezza**. "Semplicemente non riusciamo a risparmiare per **vivere**, ma solo per **sopravvivere**." L'idea gli attraversò la mente come un **colpo di fulmine**, ma fu subito sostituita da un altro pensiero: "E se è proprio questa la **realtà**? Forse l'Italia non è un paese per **sogni**, ma solo per **resilienza**." Non si trattava più di **crescere**, ma di **tenere duro**. Tenere duro contro tutto quello che il sistema ti imponeva.

Il **telefono** squillò, distogliendolo dai suoi pensieri. Era il suo **banco**, che gli ricordava che c'era una **scadenza incombente**, un'altra **bolletta da pagare**. Si guardò intorno, nella **sua piccola cucina**, che sembrava improvvisamente più piccola e più **fredda** di quanto ricordasse. Non era per le **pareti bianche** o il **pavimento in legno**, ma per quella **sensazione** che tutto era come **congelato** da un **freddo invincibile**.

"**E che altro posso fare?**" pensò tra sé e sé, mentre premeva il tasto per rispondere. La domanda che stava cercando di evitare da giorni. Eppure, come ogni volta, la risposta sembrava sempre la stessa: **continuare a vivere**

alla giornata, **senza realmente vivere**. Quello era il suo **paradiso perduto**: una vita che sembrava aspettare sempre un miracolo, ma che non veniva mai.

Christian si trovava di nuovo nella sua solita posizione: davanti a una **scrivania** che sembrava inghiottirlo ogni giorno di più, come una **fossa senza fine**. Il **computer** di fronte a lui emetteva il suo solito **rumore metallico**, una specie di ronzio che sembrava volerlo avvertire: "Ancora qui. Ancora lo stesso, ancora tutto fermo." Lo schermo mostrava la **solita lista di email**, la **solita pagina** con mille cose da fare, ma nessuna di quelle cose sembrava mai davvero cambiare nulla. I **numeri** continuavano a scorrere, ma Christian si sentiva come un **partecipante involontario** di un **gioco** che non capiva più, un **gioco senza vincitori**. Guardò l'ora: erano le **9:43**. Lo stesso orario di ieri, lo stesso orario di ogni altro giorno da mesi. Una **monotonia** che, ogni volta che cercava di sfuggirle, lo risucchiava con la stessa **velocità** di un **vortice**.

Il **caffè**, come sempre, era ormai **freddo** e **amaro**, il colore troppo scuro per riscaldargli davvero la mente. A cosa serviva? Cosa avrebbe cambiato quella bevanda che gli sembrava ormai solo un altro **rituale inutile**? Non c'era niente di nuovo da scoprire. Nulla che valesse davvero la pena di essere chiamato **cambiamento**. Solo **routine**, quella stessa routine che si faceva sempre più spessa e pesante, come un **manto di nebbia** che gli impediva di vedere dove stesse andando.

Alzò lo sguardo dalla sua **scrivania** e vide **Giovanni** passare davanti alla porta dell'ufficio, con la sua solita **giacca** che sembrava più un **manto di invisibilità** che un capo di abbigliamento. Giovanni parlava con voce alta, come se cercasse di essere notato, ma la verità era che chi lo ascoltava lo faceva più per **abitudine** che per vera **attenzione**. Quella mattina, come tutte le altre, Giovanni si stava lamentando della **burocrazia** che gli impediva di "andare avanti", ma Christian sapeva bene che Giovanni non voleva davvero **andare avanti**. La sua lamentela era solo un altro **passatempo**, un altro modo per non pensare a **quanto fossimo tutti immobili**, a quanto la **vita** si stesse **ristagnando** mentre lui, come tutti, si arrabbiava per **nient'altro** che un piccolo ingranaggio che non girava nel grande **meccanismo**. Non c'era **lotta**, non c'era **rivoluzione**. C'era solo la **staticità**.

Ogni tanto, Christian si trovava a riflettere su come tutto, dentro di lui e intorno a lui, sembrasse **incastrato**. Le **giornate** scorrevano, ma non sembravano mai davvero **scorrere**. Il **lavoro** era diventato una gabbia dorata in cui, piuttosto che scegliere di stare, **si restava** perché **bisognava farlo**. Ogni giorno la stessa faccia, gli stessi progetti, le stesse **geste automatiche** che nessuno metteva mai in discussione. "Cosa stiamo veramente facendo?" si chiese Christian, guardando gli altri intorno a lui. Non vedeva **passione** o **ambizione**, ma una **rassegnazione collettiva** che non riusciva più a nascondere. L'idea che l'Italia fosse un **paese che non lasciava spazio al cambiamento** gli sembrava sempre più vera ogni volta che parlava con qualcuno. Ogni collega, ogni amico, sembrava incastrato in un **ruolo predefinito** che non poteva sfuggire. La **politica**, la **burocrazia**, i **legami** che legavano ognuno di noi al nostro posto erano talmente forti che la **forza di cambiare** sembrava non esistere nemmeno come possibilità.

"Ma siamo davvero pronti a cambiare?" Christian si chiese, come se non ci fosse nessuna **risposta giusta**. Guardava fuori dalla finestra, dove le **auto** sfrecciavano velocemente. Tutti correvano verso un **obiettivo**, ma nessuno sembrava aver chiaro quale fosse. La **fuga in avanti** degli altri sembrava un moto di **autodistruzione** in un **paese** che aveva sempre più paura di **evolversi**. Non c'era **movimento**, non c'era **spinta** verso un'evoluzione. I sogni, le speranze, le **aspirazioni** sembravano andare in **direzioni diverse**, ma mai in quella giusta. Si fermavano, restavano bloccate da un **muro invisibile** che nessuno sembrava voler abbattere. Era come se tutti, **adulti e giovani**, fossero **ingabbiati** nella stessa **routine senza fine**, senza la forza o la volontà di **rompere il ciclo**. Ma chi avrebbe avuto il coraggio di farlo? Chi avrebbe veramente preso il rischio di **partire**? Chi avrebbe osato lasciare il **conforto della stagnazione** per affrontare l'**ignoto**?

Christian si rese conto che non c'era davvero più posto per lui in quella **routinaria staticità**. Lavorare, **vivere**, **sognare** in un posto dove ogni passo in avanti veniva fermato da mille **catene invisibili** gli sembrava ormai una condanna. Non poteva più mentire a se stesso. Il suo desiderio di **evolversi**, di **essere più**, di **fare meglio**, veniva lentamente soffocato dalla **nebbia** di una **società** che si arrendeva senza mai dire basta. Non c'era **progresso**, solo **attesa** per qualcosa che **non arrivava mai**.

Ogni giorno, tornando a casa, si ritrovava a guardare le **stesse strade** con **gli stessi occhi**, a osservare le **facce** di chi incontrava, tutte segnate da **quel sorriso vuoto**, da quella rassegnazione che sembrava essere parte integrante della vita di chi viveva lì. Non c'era nessun movimento **interiore** che facesse davvero pensare che ci fosse **un'alternativa**. Eppure, Christian non riusciva a fare a meno di **sperare**. Sperava che qualcuno, prima o poi, avesse trovato il coraggio di **scrivere un capitolo diverso** nella storia di un paese che sembrava ormai aver dimenticato come evolversi. Ma lui non lo sapeva. Quel capitolo, probabilmente, l'avrebbe dovuto scrivere qualcun altro, perché lui stesso, in quel momento, non vedeva più **il modo per uscire**. E mentre il suo pensiero si perdevano nel **buio della notte**, si accorse che anche la sua **speranza** stava lentamente diventando **un'altra illusione**.

Era una di quelle giornate in cui il **pranzo** non era altro che una **pausa obbligata** nel bel mezzo di una lunga marcia verso il nulla. Christian si sedette al tavolo del solito **bar** sotto l'ufficio, un posto che conosceva fin troppo bene: le **tavole consumate**, il **vetro delle finestre** opaco e macchiato, il **rumore delle tazzine** che si infrangevano sulla superficie del

bancone, come un **ticchettio impazzito** che sembrava accompagnarlo ogni volta che si fermava lì. La stessa **aroma di caffè** che si mescolava con il **fumo di sigaretta** di qualche avventore, un **rituale che non cambiava mai**.
Con un **cappuccino** in mano e gli occhi che si perdevano nella solita **folla indifferente**, Christian si sentì improvvisamente sopraffatto dalla **frustrazione**. Ogni sorso del suo caffè sembrava pesare più del precedente. Guardava il **bicchiere** e vedeva solo **acqua torbida** in cui non riusciva a riconoscere nulla di bello o di interessante. Quel giorno, come tanti altri, gli sembrava che il tempo fosse **sospeso**, come se tutto attorno a lui fosse fermo in un eterno **presente** che non finiva mai di ripetersi.
Le **voci degli altri** si sovrapponevano tra loro, creando una **melodia di dissonanze** che risuonava nelle orecchie di Christian senza che potesse afferrarne il senso. La gente parlava di **scioperi**, di **politica**, di **prezzi alle stelle**, ma ogni discussione sembrava solo un **eco vuota**, un disperato tentativo di **riempire il vuoto** che dominava le loro esistenze. I suoi pensieri, come le **tazze** che venivano messe e tolte dal bancone, **andavano e venivano**, ma niente sembrava davvero dare **senso** a tutto.
A un certo punto, il suo sguardo si fermò su **Giovanni**, che stava facendo una delle solite **lamentele** sul lavoro. La sua voce, che ormai Christian riconosceva senza nemmeno ascoltarla, rimbalzava tra il **rumore delle stoviglie** e la **musica jazz** in sottofondo, ma non riusciva a trattenere la noia. Giovanni, con la **camicia a quadri**, il **giubbotto troppo largo** e il sorriso sempre pronto, sembrava l'**incarnazione di quella staticità** che Christian non riusciva più a sopportare. Non c'era nulla di nuovo in ciò che diceva. Sempre le stesse **parole**, le stesse **scuse**, le stesse **giustificazioni**. Un ritornello che si ripeteva come una **litania**.
Ma in quel momento, mentre Giovanni continuava a chiacchierare, qualcosa in Christian **scattò**. **La stanchezza** si fece insostenibile. Non tanto per le parole di Giovanni, ma per

il pensiero che gli attraversò la mente, come un colpo di fulmine: "E se fosse davvero **il momento di fare qualcosa di diverso**? Di non restare intrappolato qui, in questa gabbia dorata che in realtà è solo un **luogo di morte**?" Non si trattava più di una semplice frustrazione per il lavoro, né della solita **lamentela** per un mondo che non lo comprendeva. Era una sensazione più profonda, quella di non voler più essere **intrappolato** in un ciclo che non finiva mai.
Guardò il suo **cappuccino** ormai freddo e si chiese se avesse davvero ancora voglia di continuare a **bere** quello che gli veniva offerto. "Non ce la faccio più," pensò. **"Non voglio più questa vita."** Ma subito dopo, un altro pensiero lo fece tremare: **la paura di fallire**. Se avesse scelto di andare via, se avesse deciso di **cambiare** qualcosa nella sua vita, cosa lo aspettava? La paura dell'**ignoto** lo gelò. E se avesse trovato solo **vuoto**? E se fosse stato **peggio** di quello che già viveva? L'idea di partire sembrava in un certo senso un **luogo sicuro**, ma il passo da compiere per arrivarci sembrava una **montagna troppo alta** da scalare.
"E se non fossi in grado di farcela?" si chiese, stringendo la tazza tra le mani. La sua mente, ormai piena di **domande**, correva veloce come un fiume in piena, ma senza una direzione chiara. Non sapeva dove sarebbe andato, non sapeva come avrebbe potuto ricominciare, ma la **voglia di partire** diventava più forte, un desiderio che cresceva dentro di lui, come **un seme** che aveva bisogno di **germogliare**. Ma ogni passo verso quell'idea lo riempiva anche di una **paura paralizzante**, di quella **paura dell'incertezza** che a volte è più forte di ogni **sogno**.
Guardò **Laura**, che stava parlando con qualcuno dall'altra parte del bancone, il suo sorriso **spontaneo** e il modo in cui si muoveva con naturalezza gli ricordavano quanto fosse diverso da lui. Laura, con la sua **allegria naturale**, sembrava vivere una vita senza troppi **perché**. Si alzava ogni mattina, **sorridendo**, e andava a fare il suo lavoro con la stessa **spensieratezza** con cui gli altri si alzavano per **andare al bar**.

A Christian sembrava che lei avesse già trovato **la sua strada**, che **sapesse cosa fare**. Ma lui? Cosa sapeva lui? La sua vita sembrava come una **barca alla deriva**, senza **rotta**, senza **scopo**.

"**Forse sono io quello sbagliato**, eh?" si disse tra sé e sé, mentre guardava gli altri. "Forse sono io quello che non è mai riuscito a trovare il suo posto." Eppure, non riusciva a fare a meno di pensare che **lontano da qui**, lontano da tutto quello che conosceva, c'era una **possibilità**, c'era **qualcosa di diverso**. Una vita in cui il lavoro non fosse più una **condanna** ma una **passione** che lo facesse sentire **vivo**. L'immagine di una **nuova realtà** si faceva strada tra le pieghe dei suoi pensieri. Si immaginava in un altro **paese**, in un luogo dove i sogni non venivano più soffocati dalla **routine**, dove il futuro non era più **scritturato** in modo così definitivo. La sua mente **sognava**, ma sapeva anche che quei sogni potevano anche restare solo **fantasie**. Eppure, per la prima volta in **mesi**, quel sogno gli sembrava **possibile**, una luce che si faceva strada tra le tenebre della sua **vita monotona**.

"**Forse un giorno ci andrò davvero**," pensò. Ma quando? Come? Dove? Ogni domanda si apriva come una **finestra sul vuoto**, eppure, per la prima volta, aveva voglia di **guardarci dentro**.

Era una di quelle serate in cui il **bar** sotto l'ufficio sembrava l'unico posto dove ci si poteva rifugiare dopo una lunga giornata di lavoro. Christian si trovava seduto a un tavolo con i suoi amici di sempre, ma quella sera c'era qualcosa di diverso nell'aria. Non era più solo la **noiosa routine** che li teneva insieme, ma c'era un sentimento di **distacco**, di **allontanamento** che stava prendendo piede nelle conversazioni. Ogni parola che veniva detta sembrava riflettere la **distanza** che cresceva tra Christian e loro.

Marco, con la sua **giacca di pelle** un po' consumata e i capelli **appena troppo lunghi**, parlava dell'**Australia** come di un **paradiso perduto**. Si sentiva il **calore** nella sua voce, quella stessa **energia** che ti prende quando racconti qualcosa

che ti è entrato nel cuore e che non puoi fare a meno di condividere. "Lì, ragazzi, la vita è diversa. Lavori duro, ma **ogni cosa ha un prezzo che vale la pena pagare**. Il sistema è meritocratico, e finalmente ho trovato un posto dove il lavoro **dà soddisfazioni** e non ti svuota l'anima."
Christian lo guardò, cercando di immaginare se mai fosse riuscito a sentire **quella sensazione** in Italia. L'idea di un posto in cui il lavoro fosse più di un **dovere**, dove le **opportunità** non erano solo **parole vuote**, ma **realità**, lo affascinava. Ma c'era sempre quella **paura** che gli bloccava il cuore, quella sensazione di **incertezza** che non lo lasciava mai. "E le difficoltà?" chiese, cercando di **sdrammatizzare** un po', ma con un filo di **timore** nella voce.
Marco sorrise, ma il suo sorriso sembrava ormai una **facciata** ben costruita, una **maschera** che nascondeva più di quanto volesse mostrare. "Difficoltà? Oh, ce ne sono. La burocrazia, gli ostacoli... ma c'è una **forza** che ti spinge. E poi, c'è sempre un'altra opportunità dietro l'angolo. Basta non fermarsi."
Christian si accorse che **Laura**, che fino a quel momento aveva ascoltato in silenzio, ora stava parlando con un tono che era quasi **risoluto**. "Io ho scelto la **Spagna**. Mi sono presa un anno sabbatico, ma dopo pochi mesi ho trovato lavoro. Il sistema è più **flessibile**. In Spagna, tutto sembra essere più **aperto**, più **accogliente**. Il **mercato del lavoro** è più dinamico, c'è più voglia di **sperimentare**, di **innovare**."
Gli occhi di Christian si posarono su di lei. Il suo **pantalone di lino chiaro** e il **blazer blu** non riuscivano a mascherare una certa **eleganza casual** che sembrava riflettere la sua nuova vita. C'era un **luce diversa** nel suo sguardo, un **brillio** che Christian non aveva mai notato prima. Era come se lei avesse trovato il suo **posto**, come se fosse riuscita finalmente a **staccarsi** da quella **staticità** che sembrava soffocare tutti loro. Non c'era più **insicurezza** nel suo modo di parlare, non c'era più quel tono incerto, ma una **certezza** che quasi **accecava**.

"A quanto pare, non sei più la **Laura** che conoscevamo," disse Christian, cercando di fare una battuta, ma la sua voce suonò più **nervosa** di quanto avesse voluto. In realtà, era **invidioso**. Non riusciva a **vedere** come fosse possibile riuscire a **andarsene**, a fare quel passo definitivo, come potevano aver fatto loro. "E tu, Marco, non hai paura di esserti lasciato tutto alle spalle?" chiese, con un piccolo **sospetto** che aleggiava tra le sue parole.

Marco fece un **gesto generico con la mano**, come se non volesse parlare troppo dei **sacrifici**. "Paura? Ma la paura è sempre lì, no? È più una questione di **scelta**. O stai lì a **piangerti addosso** per tutto quello che non hai, o trovi il coraggio di **provare qualcosa di nuovo**."

Christian si fermò a riflettere, osservando il suo **bicchiere di birra**, la schiuma che stava **svanendo**, proprio come la sua **sicurezza**. Quante volte si era chiesto se davvero valeva la pena di **restare**? Ogni giorno passava, eppure, la sensazione di **non essere mai arrivato** al **punto giusto** lo tormentava. Guardava **i suoi amici**, con il loro **entusiasmo** per le nuove esperienze, con il loro **coraggio** che faceva sembrare la sua vita come una **completa illusione**. Se loro ce l'avevano fatta, perché lui non poteva farlo? Se loro avevano **avuto il coraggio** di partire, di **cambiare vita**, perché lui si sentiva ancora **intrappolato**?

"Non ti senti mai come se fossi rimasto indietro?" chiese, cercando di **mascherare** la sua **insicurezza**. "Sembra che tutti stiano trovando il loro posto, mentre io sono ancora qui, a **sprecare il mio tempo**."

Laura lo guardò con uno **sguardo comprensivo**, ma anche **fermo**. "Non è questione di **tempo sprecato**, Christian. È che, a volte, ci vuole solo il **coraggio** di **fare il primo passo**. Quella paura che senti, quella paura di **fallire**, è solo il primo ostacolo. Se ti lasci bloccare da quello, non andrai mai da nessuna parte."

Il silenzio che seguì le sue parole sembrò essere carico di un **peso** che nessuno sapeva come sollevare. Christian si ritrovò a pensare che quelle parole non erano solo un **incoraggiamento**, ma una **sfida**. Le storie che aveva ascoltato lo avevano **ispirato**, ma allo stesso tempo lo avevano **spaventato**. Cosa sarebbe successo se fosse stato **l'unico** a non farcela? Se fosse stato lui quello che, nonostante avesse sognato, non sarebbe mai riuscito a **trovare il coraggio** di partire?

Le storie dei suoi amici avevano qualcosa di **magico**, ma anche di **terribile**. Se da un lato, erano il **sogno** che Christian non aveva ancora avuto il coraggio di vivere, dall'altro erano il **promemoria** di quanto fosse difficile fare quel primo **passo**. E mentre il tempo passava, e le risate dei suoi amici continuavano a mescolarsi con le **parole di coraggio** e **determinazione**, Christian si sentiva sempre più lontano, come se stesse guardando la sua **vita** passare, senza sapere davvero come riuscire a **prenderla**.

Christian stava camminando lungo il viale che separava l'ufficio dal **bar** dove si fermava ogni mattina per un caffè, ma oggi il suo passo sembrava più lento, come se ogni **millesimo di secondo** stesse cercando di **dissolversi** nel nulla. Aveva gli occhi fissi davanti a sé, ma il suo sguardo vagava, come se stesse cercando qualcosa che non riusciva a raggiungere. I **pensieri** che lo assillavano erano diventati un **rumore costante**, come un **ritornello** che non smette mai di suonare nella sua testa, quella stessa canzone che ormai non poteva più ignorare. Le storie degli amici che erano **partiti**, di quelli che avevano trovato il **loro posto** in un altro paese, lo stavano **tormentando** in modo strano, come una **vibrante ragnatela** che gli avvolgeva la mente e non gli dava pace.

Ogni volta che pensava a Marco in Australia, con la sua **voce entusiasta** e i suoi **progetti che sembravano realizzarsi**, sentiva una fitta di **invidia** e di **timore**. E **Laura**, che ora viveva a **Madrid**, in una città che sembrava di continuo cambiarsi, trasformarsi, crescere? Eppure, c'era sempre quella domanda, quella piccola voce che non gli dava tregua: **"E se fallissi?"** Il pensiero di **partire** lo faceva sentire come un **naufrago** sulla **spiaggia**, che guarda un **orizzonte incerto** e si chiede se davvero sia **la sua barca** a potergli portare qualcosa di **meglio**.

Ogni mattina si svegliava, metteva i piedi fuori dal letto e **affrontava la solita** routine. Il **comodo tepore del letto** si dissolvava quando si infilava nel suo **pantalone nero, liscio e comodo**, ma che ormai gli sembrava più un **uniforme che una scelta**. La sua camicia **bianca**, così perfetta, così professionale, non riusciva più a coprire la sensazione di **vuoto** che provava nel cuore. Era come se ogni **buona intenzione** avesse lasciato una **crepa** nell'**intero edificio** della sua vita. Non era solo il lavoro a frustrare Christian, ma quella **paura** che si nascondeva dietro ogni angolo, dietro ogni **scelta che non faceva**. Il suo **soggiorno a Milano**, nel suo piccolo appartamento che ormai **sapeva a memoria**, con i suoi **mobili stretti** e la **televisione che non vedeva mai**, non era più un rifugio. Era diventato una **gabbia dorata** dove ogni movimento, ogni passo, sembrava imprigionarlo sempre di più.

Il suo sguardo passò sul **muro della cucina**, dove appese i suoi **appunti di lavoro** con dei **post-it**, quei piccoli pezzi di carta che ora sembravano ridicoli, come **cartoline di un viaggio che non sarebbe mai partito**. Erano lì, senza uno scopo, e il pensiero che il suo lavoro, che il suo **domani** sarebbe rimasto lì, inchiodato, lo angosciava. Eppure, ogni giorno si trovava **spinto a tornare** in quel piccolo angolo di **sicurezza**, dove il **lavoro** era ormai la sua **routine**, il suo **compito da svolgere**, ma nulla più. La **sicurezza** che aveva nel suo lavoro non era più **una base solida**; era diventata **una palude** in cui si affondava sempre di più, un **gioco** dove sembrava che ogni **mossa** fosse già scritta per lui. E la paura che la sua vita finisse così, in una **gabbia** che aveva scelto da solo, gli stringeva il cuore come una **morsa invisibile**.

Si fermò davanti alla **vetrina del bar** e guardò il suo riflesso. La faccia di **un uomo stanco** che non riusciva a **vedere il futuro** che voleva. Non era solo il lavoro che lo teneva lì, non era solo il suo **stipendio magro** che non riusciva a salvarlo dalla frustrazione. No. La vera **ragione** era che quel piccolo angolo di **sicurezza** che si era costruito negli anni, quel **comfort malato**, lo teneva intrappolato. Non si trattava più di **soddisfazione** o **realizzazione**, ma di una **fuga da se stesso**. Ogni giorno si svegliava per **sopravvivere**, non per vivere davvero. Eppure, più ci pensava, più capiva che non sarebbe stato facile fare quel **passo**, che l'idea di **andarsene** gli sembrava come una porta che si chiudeva dietro di lui, ma che dall'altra parte c'era qualcosa di **sconosciuto**, di **spaventoso**. La paura di fallire lo colpiva come un **pugno nello stomaco**, ma la paura di **non provarci mai** lo faceva tremare ancora di più. Si voltò verso il bancone e si rese conto che, mentre gli altri parlavano delle **prossime vacanze**, delle **loro aspettative**, il suo cuore batteva forte, ma non per l'eccitazione di un futuro brillante, ma per la **tensione** di non sapere se avrebbe mai avuto il **coraggio** di **cambiare**. Le storie dei suoi amici, dei **Marco**, delle **Laura**, sembravano ormai **lontane**, come se appartenessero a un altro **mondo**. Avevano trovato il loro **posto**, avevano fatto il **passo decisivo**, ma Christian non riusciva ancora a prendere quella **scelta**. Le loro **parole di coraggio** gli suonavano come un **eco lontano**, e lui si trovava in bilico, come se fosse in attesa di una spinta che non arrivava mai. Ogni volta che sentiva parlare di **opportunità all'estero**, di **nuove vite** che si erano costruite, il suo cuore si **spezzava** tra il desiderio di provare e il **timore di fallire**.

La sua **mente** cominciò a fare il bilancio della sua vita: "**Dove sto andando?**" pensò, guardando il suo **bicchiere vuoto**. Non era solo il desiderio di **cambiare**, ma il **bisogno** di vivere una vita che non fosse fatta solo di **compromessi**. Doveva **fare una scelta**. Una scelta che lo avrebbe cambiato per sempre. E quella scelta non poteva essere rimandata. Forse, quella **vita migliore** che cercava non era nelle **strade di Milano**, ma da qualche altra parte, dove non doveva più **sopravvivere**, ma finalmente **vivere** davvero.

La decisione di partire

Christian sedeva alla sua scrivania, lo sguardo fisso sullo schermo del **computer**, ma la sua mente era altrove, a centinaia di miglia da quel piccolo angolo di ufficio che ormai sembrava un carcere. La tastiera sotto le sue dita, che doveva essere uno strumento di **creatività** e **produttività**, gli sembrava un **tronco di legno** sul quale far scivolare le sue dita senza mai trovare una vera **via d'uscita**. Il suo **progetto** che avrebbe dovuto segnare un punto di **svolta**, una sorta di **rivoluzione personale**, era stato rimandato ancora una volta, senza una spiegazione concreta, solo con un'allegra **parola di cortesia** che gli faceva venire il **nervoso**.
"**Ancora rimandato?**" pensò tra sé e sé, mentre si massaggiava la fronte, cercando di tenere sotto controllo il **caffè** che aveva appena versato sulla **scrivania**, un altro simbolo di **disorganizzazione**. **Il suo lavoro** non decollava mai, eppure continuava a rimanere **incastrato** in un sistema che sembrava premiare ogni cosa tranne le **competenze**. Si sentiva come una **macchina** che si ostinava a ingranare marce mai abbastanza potenti da fargli prendere il **volo**, mentre i **colleghi** intorno a lui sembravano muoversi con una leggerezza che Christian non riusciva nemmeno a **immaginare**.
Nonostante i suoi sforzi, il suo **sogno professionale** sembrava sempre più lontano, come un **miraggio** che sfumava appena provava a metterci piede. Le **e-mail ignorate**, le **riunioni sterili**, le **promesse vuote**... tutto gli suonava come una vecchia canzone che conosceva troppo bene. Così cominciava a pensare che forse **non valeva più la pena restare**, che forse il posto in cui si trovava, quella **scrivania** con i suoi **mille fogli** e il **monitor illuminato**, non era un luogo in cui sarebbe mai potuto **realizzarsi**. Si sentiva un **intruso** in un mondo che, apparentemente, non dava

valore a chi aveva idee nuove e voglia di fare. Un mondo dove il **gioco delle poltrone** aveva più importanza di un progetto **innovativo**.
A un certo punto, Christian **sollevò lo sguardo** dalla sua scrivania, cercando di trovare un po' di **pace**. Ma ovunque guardava c'erano **scartoffie**. Documenti **da inviare**, progetti **da revisionare**, e **formule** da scrivere per qualcosa che non avrebbe mai preso **vita**. La **scrivania** sembrava più un **piano di battaglia** che un luogo di lavoro, e il suo **caffè** ormai freddo e ammaccato sembrava l'unica cosa che riusciva a **riprendersi**.
Una risata nervosa gli sfuggì dalle labbra. **"Forse dovrei fare il cameriere"**, pensò con un pizzico di **autoironia**, "visto che tutti mi trattano come tale." Sospirò e affondò la testa tra le mani, chiedendosi se fosse mai arrivato il momento di fare il **cambiamento** che da tempo immaginava. Ma la **paura** di fallire lo paralizzava ogni volta che cercava di pensare a qualcosa di diverso. La sicurezza del suo stipendio e il comfort della **routine** lo tenevano ancora lì, intrappolato in una **rete invisibile**.
Gli occhi gli caddero sulle **scartoffie** di fronte a lui. Come **il solito disastro**. Ogni volta che pensava di sistemare le cose, finiva sempre per **spingere tutto sotto il tappeto**, come se ci fosse qualcosa di **impossibile** da fare, come se fosse **destinato** a rimanere in quel ciclo infinito di **impegni inutili**. Ma più ci pensava, più la **stanchezza** cresceva. Non aveva nemmeno più la forza di **cercare soluzioni**, come se ogni tentativo fosse una **perdita di tempo**. La sua vita professionale sembrava una **corsa verso il nulla**, un **treno** che non raggiungeva mai la sua **destinazione finale**.
"Rimanere o partire?" La domanda gli rimbalzava nella testa come una pallina da ping-pong. Ma ogni volta che la formulava, la risposta sembrava scivolargli tra le dita. **Partire** significava prendere un rischio, **restare** significava perdersi. Per un istante, quasi si **perse** nel pensiero di un altro lavoro, in un'altra città, in un altro paese dove la **giustizia** e la

meritocrazia avrebbero finalmente dato a lui ciò che meritava. "Ma chi lo sa?" si chiese. La **paura** di fallire era come un **guinzaglio invisibile** che gli impediva di andare troppo lontano. Però, nonostante tutto, **la frustrazione** sembrava ormai **più forte** della paura. Quella sensazione che la **vita** che stava vivendo era ormai un **film già visto**. Non c'era nulla di nuovo, nulla di eccitante, nulla che gli desse quella **spinta** che aveva sempre cercato.

Così, si alzò dalla scrivania, con un gesto che sembrava quasi meccanico, e si diresse verso la finestra. **Guarda fuori**, pensò. C'era il **traffico** che si arrampicava lungo il **viale**, la solita scena di **auto che sfrecciavano**, di **persone che camminavano velocemente** e di altri che si fermavano nei **bar** a chiacchierare, completamente ignari del tormento che **infuriava** dentro di lui. Tutti sembravano così **sicuri**, così **tranquilli**, mentre lui si sentiva come un **marziano** che guardava il mondo da una prospettiva **distante**. Ma alla fine, lo sapeva: era solo **questione di tempo**, di **dare una svolta**, di **cambiare tutto** o accettare che quella vita, quella routine, sarebbe stata la sua fino alla fine. La **paura** di non cambiare lo stava già **strangolando**.

Era una serata come tante, ma per Christian aveva il sapore della **decisionsi irreversibili**. La sua piccola cucina, con le piastrelle **gialle** che ormai sembravano un po' **spente** dal passare del tempo, sembrava essere l'unico posto in cui riusciva a riflettere senza sentirsi travolto dal resto del mondo. La luce del **frigorifero** illuminava debolmente il tavolo, dove Christian aveva steso una **vecchia mappa** del mondo, che ormai non usava più, ma che quella sera sembrava quasi invitarlo a fare il grande salto. Un salto che sentiva di voler fare, ma che lo paralizzava ogni volta che ci pensava troppo a fondo.

La paura lo stava divorando da giorni. La paura di lasciare tutto, di mettere in discussione una vita che sembrava **sicura**, ma che ormai non riusciva più a soddisfarlo. Guardò il suo **bicchiere di vino rosso**, ormai mezzo vuoto, e si rese conto che stava usando quel bicchiere come una specie di **filtro emotivo** per non vedere troppo chiaramente la situazione. Il vino lo aiutava a **razionalizzare** un po' tutto, a rendere **meno acuti** i pensieri che lo tormentavano. "E se non trovassi lavoro altrove?" pensò, guardando il suo riflesso nel bicchiere, come se potesse trovare una risposta nascosta nella **misteriosa superficie lucida**. "E se non fossi **abbastanza bravo** per affrontare un mercato diverso? E se la vita **all'estero** fosse più dura di quanto mi dicono? Se fosse solo un sogno, una **fantasia** che mi sto raccontando per sfuggire dalla realtà?"

Il pensiero di **partire** era come un **tappeto steso** davanti a lui: liscio, invitante, ma con il timore che se ci camminasse sopra, **qualcosa** si potesse rompere. Era come se avesse paura di calpestare il **pericolo di fallire**, di sbagliare la mossa. Ma nello stesso tempo, sentiva crescere dentro di sé una sensazione strana, quasi un **mormorio** che gli diceva che **restare** era molto peggio che **partire**.

Lo sguardo di Christian si spostò verso il **muro** accanto al tavolo, dove ancora c'erano appesi i suoi **diplomi** e qualche foto di **viaggi passati**, forse come una sorta di **promemoria** per ricordarsi quanto avesse sempre **desiderato viaggiare**, quanto avesse **sognato** di vivere un'avventura fuori da quella scatola chiamata **Italia**. Quei sogni, che ora sembravano più **polverosi** che mai, iniziavano a **rianimarsi**. Era come se, da un momento all'altro, avesse iniziato a risentire **quella spinta interiore** che lo aveva sempre caratterizzato, quel desiderio di **sfidare la zona di comfort**, di cercare **qualcosa di più**.

"**Ma che vita è questa?**" si chiese. "**Ogni giorno uguale, ogni anno una replica.**" La sua mente iniziò a correre come una **macchina ben oliata**, passando da un pensiero all'altro: **la Germania**, dove il sistema meritocratico sembrava premiare il lavoro, dove le **competenze** venivano finalmente riconosciute. Poi c'era l'**Australia**, con il suo clima perfetto e quella promessa di **libertà**, quella possibilità di lavorare ma anche di godersi la vita. La **Spagna** lo attirava per il suo **calore** e per la sua energia. E non dimenticava le **Canarie**, che ormai avevano preso il posto di tutte le altre opzioni, con il loro **sistema fiscale vantaggioso** e un'atmosfera di **serenità tropicale** che sembrava fatta apposta per lui.

Ma ogni volta che pensava a questi **luoghi ideali**, **un brivido di paura** lo percorreva. **"E se non trovassi davvero quello che cercavo?"** pensò, lasciando che il pensiero lo invadesse. "E se fosse tutto solo un'illusione, un sogno che **prima o poi** si sarebbe infranto contro la dura **realtà**?" Guardò il suo **cappotto** appeso al gancio vicino alla porta e si rese conto che non era solo **la paura di partire** che lo fermava. Era la paura di **non riuscire**, di **fallire** là dove avrebbe dovuto **crescere**.

Si alzò, camminò verso la finestra e guardò fuori. La **pioggia leggera** batteva sui vetri, come una musica dolce e triste al tempo stesso, che sembrava riflettere i suoi **pensieri in contrasto**. La città sotto di lui continuava a vivere, la gente correva, le auto sfrecciavano, ma lui si sentiva sempre più distante. Come se quella **vita frenetica** non gli appartenesse più. **"Forse è arrivato il momento di agire,"** pensò, il respiro che si fece più profondo.

La paura di fallire era enorme, ma c'era qualcosa di più grande che lo spingeva a muoversi. La paura di **non provarci**. La paura di restare a rimuginare su **una vita che non gli apparteneva più**. Ogni sogno che aveva messo da parte cominciava a **tormentarlo** come un'ombra che lo seguiva in ogni angolo della sua mente. Per la prima volta, sentiva che **era il momento di fare qualcosa**. Non sapeva ancora dove lo avrebbe portato quel passo, ma sentiva di non poter restare lì, a **guardare passivamente** la vita che gli scivolava via.

Nel profondo, una voce **più forte** di quella della paura gli sussurrava: "Se non fai il primo passo ora, **non lo farai mai più**." E in quel preciso istante, qualcosa dentro di lui cambiò. Non aveva la risposta a tutte le sue domande, non sapeva **cosa lo aspettava** dall'altra parte del mondo, ma sapeva una cosa: non sarebbe più restato **prigioniero** di una vita che ormai sentiva come una **gabbia dorata**. Quella sera, per la prima volta, **Christian** si sentiva pronto a fare un passo nel **vuoto**. E chissà, forse nel vuoto avrebbe trovato la **sua libertà**.

La luce blu del **monitor** illuminava la stanza con un bagliore sbiadito, mentre Christian, seduto sulla sua **poltrona ergonomica** che ormai conosceva come la sua stessa pelle, scorreva freneticamente tra le **pagine di ricerca**. Il suono del **tastierino numerico** che picchiettava sotto le sue dita sembrava l'unico rumore che avesse senso in quel momento, il solo suono che poteva accompagnare le **mille domande** che gli frullavano in testa. Con un colpo di **mouse**, apriva una nuova scheda su **Google**: "Opportunità di lavoro in Germania".

Iniziarono a comparire articoli con titoli come "**Lavorare in Germania: il paese delle opportunità**" e "**Settore tecnologico tedesco in espansione**". Christian si fermò un attimo, leggendo con attenzione. **La Germania** sembrava avere **tutto** quello che cercava: un sistema **meritocratico**, opportunità nel settore **tecnologico**, **città moderne** come Berlino e Monaco, e una qualità della vita che, da quanto leggeva, sembrava quasi perfetta. La sua mente si riempì di immagini di **strade pulite**, di **fabbriche high-tech**, di **migliaia di startup** che crescevano come **funghi**, pronte a dargli quella spinta che sentiva di non avere in Italia.

Per un attimo, pensò: "Potrei essere uno di loro. Potrei diventare parte di quel mondo." Ma poi, come un'onda che cancella i disegni sulla sabbia, la **paura** lo colpì come un martello: "E se non trovassi lavoro? E se, una volta lì, scoprissi che tutto è più difficile di quanto sembri? E se mi perdessi in quella fretta da **efficienza tedesca**?"

Si lasciò scivolare una mano nei capelli e sospirò. "Basta con i **dubbi**," pensò. "Devo guardare le altre opzioni." Chiuse la finestra della Germania e, con un piccolo **clic**, aprì un'altra: "Opportunità in Canada."

Il Canada, pensò, sembrava l'esatto opposto della **Germania**: più **rilassato**, più **accogliente**, ma pur sempre un posto che prometteva **stabilità**. Le storie che aveva sentito di chi si era trasferito a **Toronto** o **Vancouver**, città in cui, a quanto pare, le persone si sentivano più libere, più felici, e dove la vita sembrava davvero **più umana**, lo affascinavano. L'idea di lavorare in una società che **valorizzava le diversità** e che sembrava accogliere ogni tipo di **innovazione** gli dava un **senso di speranza** che quasi non riusciva a nascondere.

"Eppure," pensò, **cliccando nervosamente sul link** che parlava della vita canadese, "ogni volta che mi **confronto** con l'idea di **partire**, mi sento come se stessi guardando qualcosa di **irreale**." Si immaginava già a **Vancouver**, in mezzo alla natura incontaminata, ma **l'incertezza** lo assaliva di nuovo: "E se fosse un miraggio? E se mi ritrovassi a **perdere il mio tempo** anche lì?"

Lo sguardo gli cadde sulla **mappa appesa** alla parete della sua cucina. La **mappa del mondo**, con **tutti quei colori** e quelle **linee tracciate**, sembrava invitante e insieme opprimente. Quante volte, da bambino, aveva immaginato di vivere in **altri paesi**, di **scoprire nuove terre**, e adesso, invece, si sentiva come un **marinaio senza rotta**, in balia delle onde della sua indecisione.

Poi il suo pensiero fu rapito da un altro **grande sogno**, che da qualche parte nella sua mente stava prendendo piede: l'**Australia**. Ah, l'Australia, quella terra **lontana** e **solare**, che molti suoi amici avevano descritto come un paradiso terrestre. Le **spiagge infinite**, il clima caldo e il **lifestyle rilassato**, tutto sembrava perfetto. Qui si sentiva come se avesse trovato la **soluzione a tutto**, ma subito dopo, una sensazione di **smarrimento** lo colpì: "E se mi stancassi del caldo? E se quel **paradiso** diventasse solo un altro posto dove **sopravvivere** e non vivere davvero?"

Poi c'era **la Spagna**, che, con la sua **qualità della vita**, il **cibo** buonissimo e il **clima perfetto**, gli pareva una scelta quasi banale. "Non ci sono grosse sfide, no?" pensò, mentre scorreva su alcune **pagine web** che parlavano di Madrid, Barcellona, e delle città dove la **cultura spagnola** e la **passione** per la vita sembravano abbracciare ogni angolo. Ma proprio quando pensava che quella fosse la risposta giusta, un piccolo pensiero lo fece vacillare: "E se mi annoiassi? E se, dopo un po', la Spagna diventasse solo un altro **posto caldo** dove passare le giornate?"

E infine, con una sorta di **timidezza**, cliccò su una pagina che parlava delle **Isole Canarie**. Lì, a dispetto di tutte le incertezze, c'era qualcosa che lo attraeva. Un **paradiso tropicale** con il **sistema fiscale favorevole**, un luogo che non solo sembrava accogliere chi voleva costruire un'attività, ma che **glorificava** il **lavoro in libertà**, il lavoro da **freelance**, che per Christian rappresentava una **speranza** concreta. Mentre leggevano i vantaggi di vivere alle **Canarie**, la sua mente volava via, immaginando lunghe **passeggiate sulla spiaggia**, e una vita dove i **problemi burocratici** non erano più un peso.

Ma quando il pensiero stava per prendere forma, una domanda sorse dalla sua mente: "Ma quale di questi posti è davvero **quello giusto**?" Ogni scelta sembrava un **banco di prova**, e Christian si sentiva come un **giocatore di scacchi** che non riusciva mai a fare la mossa vincente. "E se scelgo **male**? E se è proprio **questa decisione** che rovinerà tutto?"

Fece un respiro profondo e si lasciò scivolare di nuovo sulla poltrona, ridendo nervosamente. "Dai Christian, non essere ridicolo, stai solo **sognando**." Ma **ogni sogno** che aveva nel cuore era come una **finestra aperta**, e ogni **passo che non faceva** sembrava portarlo sempre più lontano da ciò che sentiva essere **la sua verità**. Con il **mouse** in mano, si preparava a scegliere, ma ogni clic era un po' come **tirare una moneta** nell'**ignoto**.

La decisione sembrava essere più di una semplice scelta geografica: era una **scelta esistenziale**, un **decidere** di cambiare se stesso, di prendere in mano una vita che fino a quel momento era stata solo una **routine senza sapore**.

"Forse è il momento di fare un passo verso l'**ignoto**," pensò, ma la paura di scegliere **male** rimase, come una **nuvola nera** nel cielo sereno della sua mente.

La **luce** della lampada sopra il tavolo della cucina gettava una sfumatura calda sul foglio di **carta** che Christian aveva davanti. Era una di quelle **serate calde**, quelle in cui il calore dell'**estate milanese** si insinuava tra le **crepe** dell'aria condizionata e faceva di ogni respiro un piccolo **sforzo**. Ma lui non se ne accorgeva, concentrato com'era sulle **righe** scritte a mano che tracciava sul foglio, nella sua mente una **mappa** di numeri, date e paure.

Il **budget**. Un concetto che, fino a quel momento, aveva cercato di **ignorare** come si ignora una **fattura** che non si ha voglia di pagare. Ma ora non poteva più fare finta di niente. Doveva **fare i conti** con la realtà, e la realtà, come sempre, non faceva sconto. **Cinquemila euro** di risparmi, e quella cifra non gli sembrava nemmeno **abbastanza per partire**, figuriamoci per **costruire** una nuova vita. Ogni voce del suo **budget mentale** sembrava saltargli addosso come un **elefante in una stanza piccola**. Il volo, l'assicurazione sanitaria, l'alloggio temporaneo, le **spese quotidiane** che non poteva nemmeno immaginare. "C'è qualcuno che è mai partito con così poco?" si chiese, **scrivendo nervosamente** sulla carta. Il **cerchio** delle spese continuava a **allargarsi**, e lui si sentiva sempre più come un **prestigiatore** che cercava di far sparire il proprio denaro con il **trucco della mano invisibile**.

Si interruppe un attimo e guardò fuori dalla finestra. La città **brulicava** sotto di lui, come sempre, ma quella sera sembrava quasi più distante, come se **Milano** fosse un posto che ormai non faceva più parte di lui. Si **acciglò**, riflettendo sul fatto che sarebbe potuto finire a **spendere tutto per niente**, a **fare il giro del mondo** senza mai arrivare davvero **da nessuna parte**. Si guardò intorno, come se cercasse la risposta tra le **mobili** che avevano visto ogni sua giornata di fatica, eppure non riuscivano più a dare un **senso** a quel vuoto che stava provando.

Una risata nervosa gli sfuggì tra le labbra. "E se non trovassi lavoro?" Si sentiva ridicolo. Ma, forse, aveva bisogno di sentirsi **un po' ridicolo**, per poter fare quel passo. Pensò: "E se dovessi fare **il barista internazionale**? Cosa c'è di male? Magari potrebbe anche essere divertente." Immaginò se stesso dietro il bancone di un bar in **Australia**, **Stati Uniti** o magari sulle **Canarie**, a preparare **caffè** con un sorriso forzato e un accento che non avrebbe mai fatto parte di lui. "Almeno avrei **libertà**" si disse, come per convincersi.

Il **pensiero di fallire** lo tormentava, ma ora lo guardava con una sorta di **fascino macabro**. La verità era che ogni **decisione** che stava prendendo era legata a una grossa dose di **incertezza**, eppure quel senso di **non sapere cosa succederà** era stranamente liberatorio. Se doveva fallire, preferiva farlo in un posto dove almeno **avrebbe provato a vivere**.

Prese un altro sorso dal suo **bicchiere di vino**, ormai quasi vuoto, e si fermò un attimo a riflettere. La sua **vita milanese** sembrava una giostra che girava senza mai fermarsi. Quante volte si era **adattato** a quella routine, a quel **lavoro senza soddisfazioni**, solo per **arrivare** a sera e non sapere più cosa sperare? Il pensiero che **tutto** dipendesse dalla sua **abilità di adattarsi** a un **nuovo mondo** lo rendeva **determinate** in un modo che non aveva mai provato prima. Quello che stava facendo ora era più che **un calcolo finanziario**, era un calcolo **esistenziale**. "Anche se dovessi vivere con **pane e acqua**, almeno non sarei più qui a morire lentamente," pensò, mentre si sentiva attraversato da una **strana sensazione di pace**. Forse la vera sfida non era il **fallimento economico**, ma il **fallimento emotivo** di restare a vivere una vita che ormai non gli dava nulla di **nuovo**.

Con la penna in mano, Christian segnò il totale sul suo foglio: i **5000 euro** di risparmi. Fece un rapido calcolo dei costi di viaggio, dei giorni di permanenza, dell'affitto e delle spese di cibo. "**Meno di tre mesi**," pensò. **Tre mesi** di libertà per trovare un nuovo inizio. Poi si **fermò**. Si sentiva **completamente vuoto**, ma in qualche modo quella **paura** di non avere abbastanza risorse era **adrenalina pura**. Aveva bisogno di sentirsi **vivo** di nuovo. Doveva imparare a **fidarsi del suo istinto**, a **giocarsi la carta** del cambiamento.

Guardò il foglio una volta ancora, come se cercasse una **risposta scritta** nelle linee della sua vita. La paura non era sparita, anzi, ora era ancora più forte, ma nel suo **cuore** c'era una scintilla di **coraggio**.

"Se fallisco," pensò con un sorriso **ironico**, "almeno lo farò con **qualcosa da raccontare**." E con un ultimo **respiro profondo**, Christian chiuse gli occhi per un attimo, visualizzando il suo **futuro sconosciuto**, e si preparò a fare un passo verso l'ignoto. La sua decisione non sarebbe stata solo una questione di **denaro**: sarebbe stata una questione di **volontà di vivere**.

La sera aveva un profumo di **pioggia imminente**, e l'aria fresca entrava dalla finestra aperta della cucina di Christian, portando con sé l'odore di **terra bagnata** che ormai sentiva come una **seconda pelle**. Aveva appena finito di parlare con **Marco**, il suo amico di sempre, che viveva con entusiasmo il progetto di Christian. "Vai! Fai quel passo," gli aveva detto Marco, con il suo solito tono energico che sembrava sempre in grado di infondere a chiunque una sorta di **fervore contagioso**. "Se non lo fai ora, quando lo farai? Vai e prendi ciò che ti meriti, fratello!" Marco non conosceva esitazioni, era l'incarnazione del **coraggio** senza **paura**, o almeno così sembrava.

Christian, tuttavia, non riusciva a scrollarsi di dosso quella sensazione che lo stava assediando da giorni, quella sorta di **triste consapevolezza** che sembrava un'ombra sempre dietro le sue spalle. Decise di fare un'altra telefonata, questa volta a **Laura**, la sua collega e amica di lunga data, che conosceva le sue **fatiche** come pochi altri. Laura era sempre stata il **contrappeso razionale** alle sue improvvisazioni, e per quanto Christian amasse l'entusiasmo di Marco, in fondo cercava proprio quella **visione più lucida** che solo lei poteva dargli.

Quando Laura rispose, la sua voce sembrava già **indovinare la domanda** che gli aleggiava nella mente, come se fosse una vecchia **amica di lunga data**, capace di leggere il silenzio tra le parole. "Allora?" chiese, il tono più calmo, ma anche **curioso**. "Ti sei deciso?"

"Penso di sì," rispose Christian, cercando di mantenere la voce **ferma**, ma c'era quella sfumatura di **insicurezza** che non riusciva a nascondere, una **fragilità** che sentiva crescere dentro di lui. "Sto per partire. Non posso più restare qui, Laura. Non so, mi sento come se stessi camminando in cerchio e non arrivo mai al punto in cui voglio essere."

Laura rimase in silenzio per qualche secondo, come se stesse **assorbendo** il peso delle sue parole. Poi, con una risata morbida, ma anche più **realista** di quanto Christian si aspettasse, rispose: "Non è come una vacanza, sai? Partire è una **decisione permanente**, non un gioco da ragazzi."

Quelle parole gli **piombarono addosso** come una secchiata d'acqua gelata. Christian si accorse che, mentre parlava con lei, la **certezza** che aveva provato qualche minuto prima stava **svanendo**. Non si trattava solo di fare una **valigia** e partire, no. Non bastava decidersi a prendere un aereo per un posto lontano, c'era tutta una vita che rimaneva dietro, **ancorata** a un'idea di **sicurezza** che sarebbe andata in frantumi.

"Quindi... mi stai dicendo che sto per fare la **cosa giusta**, o quella sbagliata?" chiese, cercando di restare calmo.

"Non lo so," rispose Laura. "So solo che, se parti, dovrai farlo con il cuore aperto. E non è solo un cambiamento geografico, è un **cambiamento esistenziale**. Dovrai costruire qualcosa da capo." La sua voce era calma, ma anche **accorata**, quasi come se cercasse di avvolgerlo in un abbraccio **silenzioso**. "Mi fa paura pensare a quanto sia **definitivo** ciò che stai per fare, Christian. Tu mi conosci, sai che ti capisco, ma so anche quanto può essere difficile."

Quella frase gli restò dentro come una **scoria** che non riusciva a rimuovere, come un peso che non sapeva come affrontare. La solitudine, quel fantasma che già sentiva aggirarsi nella sua mente, sembrava adesso **parlare** con voce **forte e chiara**. "Cosa succede se rimango solo?" pensò. "Cosa succede se mi trovo a vivere una vita che non posso **controllare**? Lì, lontano da tutto ciò che conosco, da **tutti quelli che amo**."

Quando la chiamata terminò, Christian si sentì come se fosse stato **strappato** da un punto di vista che aveva dato per scontato. Si guardò intorno nella sua cucina e **tutto gli sembrò più vuoto**, come se anche le **pareti** stessero cercando di dirgli qualcosa. Ma non si trattava di **scelte pratiche** o **emozioni soppresse**. Si trattava di qualcosa di molto più **profondo**: la consapevolezza che, alla fine, quando si fa una scelta così **radicale**, si rischia di non tornare più indietro.

Eppure, anche quella solitudine che lo attanagliava, che **affiorava ogni volta** che parlava con qualcuno che non capiva davvero il suo **desiderio** di cambiare, lo stava spingendo ancora di più verso la decisione di partire. "Cosa c'è di più solitario che vivere una vita che non ti appartiene?" si domandò, mentre **fissava il telefono**, quasi aspettandosi che Laura tornasse a dirgli qualcosa di diverso.

Non c'erano **facce familiari** che potessero dargli quella spinta che cercava, non c'erano **garanzie** che lo avrebbero protetto dalla paura di sbagliare. Ma, allo stesso tempo, **nessuna conversazione** riusciva a spegnere quel **desiderio di cambiamento** che ormai gli scorreva nelle vene come un **fiume in piena**. La solitudine che lo spaventava, che sentiva sotto pelle, non era la solitudine di essere da solo in un altro paese. No. Quella solitudine era quella che **provava ogni giorno**, circondato da **persone che non vedevano** ciò che lui stava cercando di fare con la sua vita.

Si alzò dalla sedia e guardò la **mappa** sul muro della cucina, quella che da bambino gli era sembrata una finestra su **nuove**

possibilità. Ora, con gli occhi di un uomo adulto, non la vedeva più come un sogno, ma come una **scelta obbligata**. La consapevolezza che aveva **sfiorato** la **solitudine** da un altro angolo, quella solitudine che lui sentiva più **intensa** ogni giorno che passava, gli diede la **forza di decidere**. Non importava se gli amici non capivano, non importava nemmeno la paura di essere **solo**. Ciò che importava era che finalmente, finalmente, avrebbe avuto la **possibilità di vivere**. Christian stava seduto sul divano, il **telefono** in mano, fissando la **schermata** che lo guardava impassibile. Da settimane, aveva parlato con se stesso più di quanto avesse mai fatto in tutta la sua vita. Le parole delle **conversazioni** con Marco e Laura si mescolavano con i suoi **pensieri** e, ogni volta che cercava di prendere una decisione definitiva, la paura lo paralizzava. Ma quella sera era diversa. Il **silenzio** intorno a lui non lo opprimeva più, non lo costringeva a nascondere i suoi **dubbi**. Al contrario, il silenzio sembrava **accompagnare** il suo respiro, che ora era più **calmo**, come se avesse trovato finalmente un po' di **pace**.
"**Basta procrastinare.**" Si disse, quasi sussurrando la frase come se volesse imprimere quei **parole** nella sua mente. La sua **vita** era diventata un continuo rinvio, una lista di **cose da fare** che non finiva mai. Ma la verità era che non c'era più tempo. Aveva aspettato abbastanza. La **paura** di partire, la paura di **fallire**, la paura di affrontare l'**ignoto**: tutto sembrava pesargli sulle spalle come una valigia che non riusciva più a sollevare.
Guardò il **passaporto** che teneva in mano, un oggetto che fino a quel momento sembrava solo un simbolo di **viaggi lontani** e **inaccessibili**. Ora però, quel **passaporto** rappresentava **libertà**, un passaggio che lo avrebbe portato via da tutto ciò che conosceva. Per la prima volta, non provava **ansia** al pensiero di partire. Si sentiva quasi **sollevato**, come se un peso fosse stato finalmente sollevato. La paura non se n'era andata, ma era diventata **sopportabile**. Si alzò dalla sedia, camminò verso il tavolo, e

con **gesti lenti e precisi**, cominciò a prepararsi per fare quello che aveva rimandato per così tanto tempo.

Il **suo appartamento** sembrava più piccolo di quanto ricordasse. Le **pareti** non avevano più il conforto che una volta gli davano. Il **frigo** quasi vuoto, il **letto** sfatto, la **scrivania** piena di fogli accartocciati... tutto sembrava riflettere il disordine che aveva dentro. In qualche modo, però, quella confusione gli sembrava perfetta. Ogni **oggetto** nella stanza gli parlava della **vita che stava per lasciare**, eppure niente gli sembrava davvero necessario. Con un gesto di **determinazione**, prese la sua **borsa** e la posò sul tavolo. "Basta," si disse di nuovo. **"Non importa come andrà. Ma almeno proverò."**

Il **telefono** vibrò in mano. Una **notifica**. Un messaggio da Marco: **"Ti seguo sui social, ti trovo forte, fratello. Non lasciare che le paure ti fermino!"** Un altro messaggio, questa volta da Laura: **"Se hai bisogno di un consiglio, fammi sapere, ma ricorda: vai a testa alta. Non è mai troppo tardi per trovare un altro posto nel mondo."** Le parole di entrambi gli entrarono dentro come **balsamo** su una ferita aperta. Si sentiva più **leggero**, ma anche più **responsabile** di quanto non fosse mai stato.

Appoggiò il telefono sul tavolo e, con le mani leggermente **tremanti**, aprì il **sito delle prenotazioni voli**. La sua mente correva veloce, ma il cuore batteva forte come se volesse saltargli fuori dal petto. **Dove andare?** La Germania? Il Canada? La Spagna? Le **Canarie**? Ogni opzione sembrava una **possibilità** e anche una **paura**. **"Non importa, basta che vada."** pensò, mentre il cursore scivolava sulla **mappa del mondo**. Non c'era più tempo per **ripensamenti**.

Cliccò su una delle destinazioni che aveva preso in considerazione: **Canarie**, per **iniziare una nuova vita**, lontano dalle incertezze italiane. Con un piccolo **clic**, Christian fece il passo che sembrava più difficile da fare. La conferma della prenotazione del **biglietto** apparve sullo schermo. Fu come se un intero **universo** avesse preso forma

davanti a lui. Non c'era nulla da fare ormai, nulla da **annullare**. Aveva preso una decisione. Forse **sbagliata**, forse **giusta**, ma di una cosa era sicuro: **era la sua decisione**.
Un **sorriso nervoso** gli si dipinse sul viso, quasi un'espressione di **complicità con se stesso**, come se avesse appena trovato una **risposta** alla domanda che si era fatto per mesi. Ma subito dopo, un altro pensiero lo attraversò. "E se fosse troppo tardi? E se mi dovessi pentire?" Ma invece di fermarsi, **ridacchiò** tra sé e sé. "**E se fosse troppo tardi... per non provarci?**" Si guardò intorno, sentendo che tutto in quel momento aveva un **senso**. Non importava quanto fosse **incerto** il futuro, quello che contava era che, finalmente, era lui a dirigere la propria vita.
Con il cuore che batteva come un **tamburo** dentro di lui, Christian si alzò, si **avvicinò alla finestra** e guardò fuori. La città era **ancora viva**, il traffico scorreva come sempre, ma lui, da quella finestra, vedeva una **nuova vita**. Non c'era più spazio per **l'immobilismo**, non c'erano più scuse. Quella decisione, come un piccolo **vulcano**, gli bruciava dentro, ma non più come un **peso**. Ora era qualcosa di **vivo**, qualcosa che lo spingeva verso l'**ignoto** con una forza che non si aspettava.
Christian sorrise, ma questa volta il sorriso non era **nervoso**, né **incerto**. Era **vero**. Era il sorriso di chi, per la prima volta, aveva **deciso di non fermarsi**.

Verso l'ignoto

Christian si alzò dal letto con un **sospiro profondo**, come se ogni movimento fosse accompagnato dal peso di una decisione che aveva preso senza davvero ammetterlo a se stesso. Non c'erano **fanfare**, né **pianificazioni straordinarie**. Solo il suono di una **valigia** che si apriva, e il rumore di oggetti che venivano gettati all'interno senza troppa cura. Pochi vestiti, qualche camicia nera, i pantaloni che amava tanto, e una giacca che sperava di non dover mai indossare, ma che finiva sempre per portare quando si sentiva più **ansioso**. Ogni cosa che metteva dentro sembrava pesare un po' di più del previsto, come se ogni singolo **oggetto** fosse una piccola parte di un passato che non sarebbe più tornato.
Milano lo guardava dalla finestra come una città che stava dicendo addio, con quella sua solita nebbia che si sollevava solo per un attimo e poi si ricopriva di un **velo di routine**. Mentre chiudeva la **valigia**, il suono delle **strade** in lontananza sembrava lontano, come se si trovasse in un'altra dimensione, una in cui non c'era più posto per lui. Non era più la **città** che lo aveva accolto anni prima con un sorriso. Ora era solo una **cattedrale** di cemento, grigia e sempre di fretta. Era come se lui stesso fosse diventato una figura fuori luogo, un oggetto **estraneo** in una scena che non faceva più parte del suo copione. Ogni **oggetto** che metteva dentro la valigia gli ricordava quanto poco significasse ormai la sua vita qui.
Eppure, mentre si tirava dietro quella **valigia** quasi pesante, il cuore gli batteva forte. C'era una **follia** sottile in tutto ciò, un misto di paura e **eccitazione**. Si guardò allo specchio. **T-shirt nera**, **pantaloni slim fit**, e quel sorriso **forzato** che non sapeva più da dove venisse. Non si sentiva sicuro, non si sentiva nemmeno **in pace**, ma c'era qualcosa dentro che gli diceva di farlo. Finalmente. Senza **giustificazioni**, senza **paure** che lo trattenessero.

Uscì dalla sua **stanza** e si diresse verso la porta. **Milano** non lo guardò nemmeno mentre usciva, come se ormai la città avesse imparato a fare a meno di lui. Era il suo **ultimo giorno**, ma non c'era nessuna **nostalgia** in quel momento. Solo una sensazione di **vuoto** che aveva imparato a conoscere. "Non è che il viaggio inizi qui?" pensò, mentre scendeva le scale. "Non è tutto un andare via, in fondo?" E forse sì, pensò, **andare via** significava anche **tornare da qualche parte**, una parte di sé che non conosceva ancora.

Arrivò alla **stazione dei treni** con un po' di anticipo, ma non era mai troppo presto quando si trattava di **fuggire**. Ogni passo che faceva sembrava un addio che non riusciva a dire. Nessuno lo stava aspettando. Non c'era nessun amico che gli facesse un **segno di saluto**. Solo il silenzio delle **pietre** che calpestava, la **banchina** vuota che rifletteva la sua solitudine. Si fermò davanti al tabellone delle partenze. Il suo volo non era segnato, non per colpa sua, ma perché a volte **non si fa mai il primo passo** senza che la città te lo impedisca. Fece una **pausa**, guardando l'orario. "Non mi basta più stare qui," si disse.

Fu allora che salì sul **tassì**. Con una mano sulla maniglia della porta, osservò il **tassista** dritto negli occhi. "Dove andiamo?" gli chiese il tassista, un uomo con i capelli ormai grigi che sembrava di tanto in tanto guardarsi le mani come se cercasse di scoprire il **segreto del mondo** dentro le sue rughe.

"Un po' ovunque," rispose Christian, senza pensarci troppo. Non sapeva dove sarebbe andato davvero, ma la risposta sembrava giusta, almeno per quel momento. **Ovunque** suonava come una **meta** ancora tutta da scrivere.

Il tassista alzò un sopracciglio, ma non disse nulla. Non c'era bisogno di altre parole. Era solo un altro cliente, un altro che se ne andava per cercare una vita che non trovava più a Milano. "Milano è bella, eh?" disse il tassista, guardando il traffico attraverso il parabrezza. "Ma alla fine è sempre la stessa, no?"

Christian rispose con un sorriso che non era né di **conferma** né di **smentita**. Guardava la città che passava, ma non c'era più quella **connessione** che sentiva un tempo. Si sentiva come se fosse sempre stato un estraneo, un **turista** dentro la sua stessa vita. I **semafori** rossi e le **auto** incolonnate gli sembravano una **prigione** in miniatura. Quante volte ci aveva pensato? Quante volte si era fermato davanti a uno di quei **muri invisibili**, guardando la sua vita **scivolare via** tra le mani?

La città era la stessa, ma lui no. Stava per uscire, per diventare qualcosa di nuovo. Non sapeva ancora cosa fosse, ma si sentiva che il **prossimo passo** lo avrebbe portato lontano, **oltre** Milano, **oltre** ogni aspettativa.

E mentre il taxi si dirigeva verso l'aeroporto, Christian si lasciò andare, finalmente pronto a partire, a cambiare rotta. Non sapeva dove sarebbe andato, ma **sapeva** che sarebbe stato diverso. L'**ignoto** gli stava venendo incontro, come una promessa da **realizzare**.

Arrivato a **Francoforte**, Christian si sentiva come un **estraneo** nel mezzo di una **città pulsante**, una metropoli che sembrava parlare un linguaggio completamente diverso dal suo. Nonostante l'aria frizzante di quel mattino di **aprile**, c'era una sensazione di **asetticità** che lo pervadeva. La città, perfetta nei suoi **contorni**, nelle **strade ordinate**, nei **grattacieli** che sfidavano il cielo grigio, sembrava costruita per **essere produttiva**, ma anche per **sopprimere ogni spontaneità**. C'era un ordine talmente preciso che lo faceva sentire fuori posto, come se lui fosse una specie di **spina** in un **ingranaggio** troppo ben oliato.

La sua prima giornata di lavoro non lo rassicurò. Uscì dall'ufficio per la pausa pranzo, e lo sguardo di chi gli stava intorno sembrava **distaccato**, quasi **automatizzato**. Le persone, indifferenti al mondo che si muoveva intorno a loro, camminavano con una **determinazione** che Christian non riusciva a comprendere. **Giovani e meno giovani**, tutti con il passo veloce, diretti verso un unico obiettivo: il lavoro. Nessun sorriso, nessuna **leggerezza** nei gesti, come se tutto fosse già stato scritto. Si sentiva come un turista che aveva sbagliato destinazione. Non era una questione di **lingua**, ma di **mentalità**.

"Ecco il famoso sistema tedesco," pensò Christian, mentre osservava l'efficienza di ogni movimento, come se quella città avesse l'obiettivo primario di **prodursi**. La gente non sembrava vivere per **vivere**, ma per **lavorare**. Tutto sembrava ordinato in modo da **massimizzare** ogni singolo secondo. Si fermò davanti a una vetrina, il riflesso lo disturbò. Aveva addosso il suo solito **outfit nero – t-shirt**, **pantaloni slim fit**, **scarpe casual** – ma quel suo look sobrio sembrava ora più **strano** che mai. La **multinazionale** dove lavorava da poco non lo accoglieva nel modo in cui si immaginava. La **distanza** tra le persone non era solo fisica, ma anche emotiva. I colleghi lo trattavano con **cortesia**, ma non con quella vicinanza che Christian aveva sempre cercato.

Nel pomeriggio, quando tutto sembrava **procedere come previsto**, e lui aveva finalmente una certa **padronanza** delle procedure, incontrò **Stefan**, un collega con molti anni di esperienza. Stefan, alto e slanciato, con il viso segnato da una barba che raccontava anni di durezza e di vita dedicata al lavoro, gli si avvicinò e gli strinse la mano con una forza che Christian non si aspettava. "**Benvenuto in Germania**," disse, con un accento leggermente più **duro** del normale, ma con uno sguardo che tradiva una certa **forza tranquilla**.

"**Grazie. È... tutto un po' diverso da casa.**" Christian rispose, cercando di nascondere una sorta di **disagio** che gli rodeva dentro.

Stefan sorrise. "**Sì, qui la gente lavora tanto, ma alla fine si fa. Non ti preoccupare, se non ti piace quello che fai, cambialo. Qui funziona così.**" Si fermò un attimo, quasi a voler dare il peso giusto a quelle parole. "**No one cares if you change, as long as you get the job done.**"

Christian rimase un po' **perplesso**. La frase gli risuonò in testa, ma non riuscì a dargli un senso chiaro. Così semplice, eppure così complesso. Non ti importa **cosa fai**, ma **come lo fai**. Se non ti trovi, **passa avanti**. Ma **cos'è davvero il "futuro migliore"** in un posto dove **cambiare** sembra essere la norma, ma nessuno si prende mai il tempo per chiedersi se quello che stai facendo ti fa **felice**?

Mentre i pensieri si accavallavano, un altro collega, che aveva osservato la scena, si avvicinò e iniziò a parlare di **numeri**, di **scadenze** da rispettare, e di **profitto** da massimizzare. Ogni parola sembrava incastonarsi come un pezzo di un **puzzle** che non riusciva a completare. Christian si ritrovò a ridere nervosamente, mentre Stefan, guardando i suoi appunti, gli lanciava uno sguardo divertito.

"**La vita qui è fatta così**, no?" rispose Stefan con un sorriso sarcastico. "**Un giorno vedi il quadro grande, ma il giorno dopo sei già dentro il puzzle. Non c'è tempo per pensare.**" A Christian sembrava che quella filosofia fosse un po' troppo **meccanica**, ma lui non poteva fare altro che **ascoltare**, assorbire e capire dove si trovava.

Al termine della giornata, Christian si ritrovò da solo, in una **caffetteria** del centro, sorseggiando un **caffè** che gli sembrava ancora troppo amaro, nonostante l'**aggiunta di zucchero**. La città attorno a lui era ormai diventata una sequenza infinita di **movimenti meccanici**. Le persone si incrociavano, si parlavano, ma nessuna di esse sembrava davvero parlare. I **volti** erano sempre gli stessi, e lui, purtroppo, non riusciva a **integrarsi**. La sua mente tornò al momento in cui aveva **scelto** di partire: **la promessa di una nuova vita** in un paese che sembrava saperne più di lui. Pensava che, con tutte le sue **qualità** e la voglia di **innovare**, sarebbe riuscito a sentirsi **apprezzato**, ma invece si sentiva ancora come un **estraneo**. La sua ambizione, così forte a Milano, sembrava ora una piccola **fiammella** che rischiava di essere spenta dal **vento** che lo circondava. La **Germania** aveva mantenuto la sua promessa, ma Christian iniziava a chiedersi: "Era questa davvero la **migliore** opzione?"

Lo sguardo che scivolava sulle **strade ordinate** di **Francoforte** gli fece capire che ogni decisione, ogni cambio, porta sempre con sé una parte di **difficoltà** che non avevi mai considerato. Christian non era ancora sicuro se la **gabbia dorata** del sistema tedesco fosse la chiave per liberarsi dal suo passato, o se invece stesse cercando un posto che non lo accogliesse mai davvero.
Christian camminava lungo la **spiaggia di Bondi**, il **mare** di fronte a lui che si infrangeva contro la riva con una dolcezza che sembrava quasi fargli il solletico. Il cielo **azzurro** e la **brisa** leggera sembravano promettere quello che lui aveva sempre cercato: una vita più **rilassata**, dove il tempo sembrava scorrere in modo diverso, come se l'intera città fosse un' **isola** fuori dal tempo. Era il sogno che aveva alimentato per mesi, un sogno di una **nuova vita** fatta di **aria salmastra** e **orari flessibili**, di **spiagge dorate** e **caffè sul lungomare**. Eppure, mentre i suoi piedi nudi calpestavano la sabbia, sentiva che c'era qualcosa di diverso nell'aria, come un **fraintendimento** che stava cominciando a rivelarsi, poco a poco.
Il caldo dell'estate australiana lo avvolgeva, ma non riusciva a scacciare quella sensazione che gli stava assalendo, un sentimento che cresceva ogni giorno di più. **Sydney** sembrava una città perfetta, **composta** da un paesaggio da cartolina, ma, in fondo, anche la cartolina più bella aveva un lato **oscuro**, una piega nascosta dietro la luce dorata del sole. La **spiaggia** era affollata di **giovani**, tutti a fare surf, a prendere il sole, a chiacchierare come se la vita fosse fatta solo di quel momento. **Vita spensierata**, pensò Christian. Ma quando guardava oltre la distesa di sabbia, vedeva la **realtà** più vicina a lui: negozi che vendono prodotti ad un **prezzo folle**, costi di **affitto** che sfiorano il **surreale**, e il suo **portafoglio** che si svuotava troppo velocemente.
Ogni giorno, dopo una mattinata a girare per la città e qualche tentativo di **lavoro freelance**, si ritrovava in quel **caffè sulla spiaggia**. Le sedie erano fatte di **legno sbiadito**, e il **tavolino**

di metallo aveva una superficie graffiata da troppi anni di uso. C'era qualcosa di **finto** nel modo in cui la gente si comportava. Sembravano tutti felici, ma nessuno sembrava davvero **realizzato**. Le **loro conversazioni** erano fatte di risate senza **senso**, eppure ognuno di loro nascondeva la propria **frustrazione** dietro una **tazza di caffè**. Quello che lo colpì particolarmente fu il barista, un uomo di circa cinquant'anni, con i capelli brizzolati e le **mani segnate** dal lavoro. Il suo sguardo era lucido, come se avesse visto più di quanto volesse ammettere.

"Australia è un sogno, no?" chiese Christian, tentando di rompere il ghiaccio mentre sorseggiava il suo **caffè americano**, che sapeva di **acqua calda**.

Il barista sollevò un sopracciglio e, con un mezzo sorriso, rispose: **"Non è come una pubblicità da cartolina, sai? La vita qui è più dura di quanto sembri."**

Christian rimase sorpreso. Quella frase gli fece scivolare il caffè giù per la gola con una **sensazione amara**. Il barista continuò, con un tono di voce più grave, mentre puliva il bancone con un panno. **"Qui, tutti sono alla ricerca del sogno. Ma pochi lo trovano veramente."**

Christian non sapeva come rispondere. Quella riflessione sembrava la **verità** di tutto ciò che stava vivendo. **Il sogno** che gli avevano venduto, la **promessa** di un **paradiso tropicale**, di una vita **spensierata**, sembrava ora come una **maschera lucida** che stava lentamente perdendo colore. La realtà era **tutt'altra cosa**. Le opportunità, sì, c'erano, ma erano **difficili da afferrare**. Ogni strada sembrava chiusa da una **porta invisibile**, e quando provava a spingerla, la sensazione di non essere veramente accolto cresceva. A volte, si chiedeva se avesse fatto la scelta giusta. Se fosse stato davvero il posto che lo avrebbe **realizzato**.

Il barista non aveva finito. **"Però, se vuoi fare soldi facili, qui c'è lavoro. Ma se cerchi qualcosa di più, devi capire che è più dura di quanto ti abbiano mai detto."**

Quella frase gli girava nella testa mentre si alzava dal tavolo. Si girò verso il mare per cercare di schiarirsi le idee. La vista dell'oceano lo calmarò per un momento, ma sapeva che **questa calma** sarebbe durata poco. La **gabbia dorata** che cercava di sfuggire era ora una prigione mentale, un posto che non aveva mai immaginato di dover affrontare.

Si sedette sulla sabbia, cercando di sentirsi più vicino al luogo che pensava fosse il suo **paradiso**. Ma **l'oceano** che si stendeva davanti a lui sembrava distante, come una **promessa** che non riusciva a raggiungere. Il **rumore delle onde** lo cullava, ma non riusciva a fermare la sua riflessione interiore. La **solitudine** lo circondava, ma non era più la solitudine del passato. Ora era un tipo di solitudine che derivava dalla consapevolezza che forse quella **nuova vita**, quella che aveva sperato, non esisteva.

Si alzò in piedi e si diresse verso il **bar** per pagare. Il barista gli fece un sorriso e Christian gli rispose con un cenno. Ogni parola sembrava troppo pesante per quella giornata. Pochi minuti e sarebbe tornato nel suo appartamento, cercando ancora di orientarsi tra tutte quelle possibilità che sembravano non portare a nulla. **Non era pronto**, lo sapeva. Ma la domanda rimaneva. Dove sarebbe andato davvero a cercare il suo **paradiso**?

Arrivato a **Barcellona**, Christian si sentiva finalmente **libero** di respirare. Il clima mite di ottobre gli accarezzava la pelle, mentre il sole, che tramontava lentamente sopra il mare, dipingeva la città con una sfumatura calda e dorata. Le **Ramblas** si snodavano davanti a lui, piene di **voci**, colori e odori che sembravano mescolarsi in una sinfonia di **vita** e **energia**. Il luogo che aveva sognato per così tanto tempo stava finalmente davanti ai suoi occhi. Ma c'era qualcosa di strano, qualcosa che non riusciva a definire. **Barcellona** era tutto ciò che gli avevano raccontato, ma allo stesso tempo, niente di quello che si aspettava.

Passeggiava distrattamente tra i **banchi dei fiori** e i **musicisti di strada**, ma quella vivacità che lo circondava non riusciva a smuovere la **sensazione di solitudine** che si portava dentro. Il **grande mercato** di **La Boqueria**, che avrebbe dovuto affascinarlo, gli sembrava una semplice **corteccia** che copriva qualcosa di più profondo. Le **voci alte**, i colori vivaci dei frutti, e la confusione che sempre accompagna il mercato non riuscivano a nascondere il fatto che, in quel momento, la sua vita era solo un insieme di **gesti meccanici**. Ogni passo che faceva tra la folla gli sembrava una piccola conferma di come stesse cercando qualcosa che non trovava mai. Ogni **volto**, ogni **incrocio di sguardi** sembrava essere un capitolo che non apparteneva a lui.

Si fermò su un angolo delle **Ramblas**, davanti a un piccolo caffè che sembrava averlo aspettato. Il suo istinto lo portò a sedersi al tavolino all'esterno, ma la scelta di **poco impegno** si rivelò subito infruttuosa. La **caffettiera** sul tavolo faceva un rumore che risuonava troppo forte, quasi fosse un riflesso della **confusione interna** che stava vivendo. Osservò la **tazza di caffè**, il vapore che si sollevava come un filo invisibile, per poi svanire nel nulla. Così come i suoi sogni di una vita migliore, che non si realizzavano mai completamente. Gli sembrava che ogni città che visitava fosse un **miraggio** che lo stava ingannando sempre di più. L'**odore del caffè** lo aiutava a mantenere il contatto con la realtà, ma al contempo gli faceva **riflettere** su quanto ogni passo fosse in balia di un destino che non riusciva a controllare.

"**Ves la vida en color de rosa?**" Gli chiese il cameriere con un sorriso ironico, interrompendo il flusso dei suoi pensieri. Era un ragazzo giovane, con i capelli spettinati e il grembiule sporco, il tipo di persona che in Italia avresti visto in qualsiasi bar affollato, ma qui, tra le **strade di Barcellona**, sembrava solo una piccola **parte** di un mondo più grande.

Christian non rispose subito. Si guardò intorno, alla **confusione** che continuava a scorrere davanti a lui. "**Non sono sicuro di cosa sto cercando,**" disse alla fine, quasi più a se stesso che al cameriere, che aveva smesso di pulire il tavolo e ora lo osservava con un'espressione mista di

curiosità e disincanto. **"Ho sempre pensato che la vita dovesse essere più facile, qui. Che avrei trovato quello che mi mancava."**
Il cameriere sorrise ancora, ma con un sorriso che sembrava più una **condivisione di esperienza** che un gesto di cortesia. **"Tutti qui sono in attesa di qualcosa, ma nessuno sa davvero cosa."** Fece una pausa, appoggiando il panno sul tavolo. **"Siamo tutti un po' come turisti in cerca del nostro posto nel mondo."**
Christian lo guardò, **perplesso**. Cosa significava davvero quella frase? Era forse un modo per **giustificare** la difficoltà di vivere a Barcellona, o forse era una riflessione su quanto tutto fosse diventato **instabile**? "Forse il vero sogno che tutti inseguono è solo un'**idea** che abbiamo deciso di fare nostra," pensò, ma non lo disse ad alta voce. Il cameriere sembrava aver già trovato la sua risposta. Forse la sua vita si era trasformata in un **gioco di attese**: aspettare il prossimo cliente, aspettare il prossimo sogno, aspettare la **prossima occasione** che non sarebbe mai arrivata.
"E tu? Che ne pensi?" chiese Christian, non sapendo se stesse cercando veramente una risposta o se stesse solo mettendo in ordine i pensieri che gli frullavano in testa.
Il cameriere si fermò, guardando il **pavimento**, come se cercasse le parole giuste. **"Io? Ho smesso di cercare. Qui, nella città, ci sono così tante opportunità, eppure sembra che nessuna mi abbia mai trovato."** Il suo tono era sereno, ma il suo volto tradiva una **rassegnazione** che Christian non poteva ignorare. **"Alla fine siamo tutti qui a fare il nostro lavoro, ad aspettare che qualcosa cambi, ma non cambia mai niente."**
Christian si sentì come se la città gli stesse **parlando** attraverso le parole del cameriere. L'idea di **vivere meglio** all'estero, in una città **sollievo**, stava cominciando a vacillare. Forse Barcellona non era la risposta che cercava. Non era solo la vita ad essere complessa, ma anche la **facciata** che la città offriva. La **bellezza** di Barcellona, con i suoi **colori vivaci**

e il suo **calore**, non bastava a colmare un vuoto più profondo che si era radicato in lui sin dal primo giorno in cui era arrivato.

"La vita non è mai quella che sembra," pensò Christian, guardando il **mare** in lontananza, mentre il cameriere tornava al suo lavoro.

Arrivato alle **Canarie**, Christian sentì subito un respiro più profondo, come se l'**aria** avesse un sapore diverso. La brezza che proveniva dall'oceano sembrava **avvolgerlo**, come un abbraccio delicato che lo stava accogliendo nel posto giusto. Il **clima** era perfetto, il cielo sempre limpido, e il sole caldo senza essere opprimente. La **storia** che aveva immaginato per sé, una vita più semplice e più **luminosa**, si stava finalmente materializzando. Ma se la superficie di quelle isole sembrava rispecchiare la **purezza** del sogno, presto Christian scoprì che anche il **paradiso** aveva delle **imperfezioni**.

La sua prima settimana fu passata a cercare **casa**, ma il mercato immobiliare si rivelò più **complesso** del previsto. **Appartamenti** splendidi, che sembravano perfetti nelle foto online, si rivelavano spesso **inabitabili**, con le pareti sbrecciate e i **bagni** che avevano l'aria di essere stati costruiti negli anni Settanta e mai rinnovati. Le **agenzie immobiliari** lo facevano sentire come un pesce fuori dall'acqua, ogni **contratto** da firmare sembrava nascere da un sistema burocratico che **non riusciva mai a soddisfarlo completamente**. Ogni tanto, incontrava **persone** che si fermavano per un breve scambio di parole, quasi sempre in **inglese**, e lui non riusciva a non notare quanto l'atmosfera fosse diversa da quella di **Milano**. Qui c'era una sorta di **pazienza** che non riusciva a comprendere del tutto.

Christian si ritrovava a pensare a quanto fosse difficile sentirsi **stabile** in un posto dove le **fondamenta** sembravano più **frammentate** che solide. Ogni giorno, mentre passeggiava per le **strade strette** del centro, cercando di raccogliere le informazioni su come affittare una casa o **trovare lavoro**, sentiva il **peso** delle sue scelte. Ogni passo, che prima sembrava un semplice movimento in avanti, ora gli appariva come un piccolo **balzo nell'ignoto**. La **burocrazia**, che tanto lo aveva fatto impazzire in Italia, si ripresentava qui con un volto diverso, più **aperto**, ma sempre ostile.

Dopo qualche giorno di ricerca, si trovò in un piccolo caffè vicino a **Las Palmas**. Il **locale** era accogliente, con **mobili in legno scuro** e un'aria di **relax** che gli sembrava più autentica che mai. La sua mente era ancora impegnata nella caccia alla casa e al lavoro, ma il suo corpo si era adattato al **ritmo lento** dell'isola. Il suono delle **onde** in lontananza, il profumo della **brisa marina**, gli facevano dimenticare momentaneamente le difficoltà. Era proprio quel **ritmo tranquillo** che sentiva di poter fare suo, che sembrava promettergli la serenità che non aveva trovato altrove.

Fu in quel momento che una **ragazza**, seduta a un tavolino accanto al suo, attirò la sua attenzione. Aveva i capelli **castani**, legati in una **coda alta**, e indossava una semplice **camicia bianca**, **pantaloni beige**, con scarpe da ginnastica bianche che sembravano più comode che eleganti. Ma c'era qualcosa di **magnetico** nel suo modo di essere: una **calma** naturale che emanava senza forzature, un equilibrio che Christian non aveva ancora trovato. Dopo qualche istante, si girò verso di lui e sorrise.

"**Sei nuovo, vero?**" chiese lei, con un accento che non riusciva a definire, ma che sembrava come un abbraccio di **accoglienza**. "La faccia da turista è inconfondibile."

Christian sorrise, abbassando lo sguardo sulla sua **tazza di caffè** che stava ormai diventando troppo fredda. "Sì, sono arrivato da pochi giorni," rispose. "Sto cercando un posto dove **sentirmi a casa**."

"**Eh, è difficile trovare una vera casa qui,**" disse la ragazza, facendo un gesto con la mano come se volesse abbracciare l'intera isola. "Le case sono come la gente qui: difficili da afferrare, ma più facili da apprezzare una volta che le conosci."

Christian sorrise a quella risposta, ma si rese conto che c'era **verità** nelle sue parole. "Sto cercando anche un lavoro, ma non è facile. Ogni volta che trovo qualcosa che mi sembra interessante, c'è sempre un'ulteriore complicazione."

"Lo so," rispose lei, sorseggiando il suo tè con una calma quasi zen. **"Io gestisco una piccola start-up qui. Siamo tutti in cerca di qualcosa, ma spesso non sappiamo davvero cosa sia."** Poi si fermò, guardandolo con uno sguardo quasi profondo. **"L'importante è trovare il posto dove sei felice, non quello dove pensi che lo sarai."**

Le parole le uscirono naturali, senza esitazione, come se le avesse sentite troppe volte per non crederci. Christian restò in silenzio per un attimo, osservandola. Poi, la sua mente iniziò a lavorare sulle sue stesse domande. Forse, proprio come lei stava dicendo, non si trattava solo di **trovare la stabilità**, ma di **saperla apprezzare** quando si presentava.

"Mi piace come la pensi," disse, finalmente. "Sto cercando di capire cosa mi rende felice, e a volte sembra così lontano."

Lei sorrise. **"Cerca dove ti senti a casa,"** disse semplicemente. **"E quando lo trovi, non lasciarlo scappare."**

Quelle parole rimasero con lui per un lungo momento, mentre il caffè si raffreddava nella sua tazza. Christian si rese conto che le **Canarie**, nonostante le difficoltà, sembravano proprio il **posto giusto** per lui, almeno per il momento. La **pazienza** che aveva imparato a sviluppare negli ultimi mesi sembrava cominciare a dare frutti. Anche se non sapeva ancora se la **stabilità** lo avrebbe trovato qui, sentiva che c'era qualcosa di più grande che stava iniziando a **formarsi**, come un nuovo capitolo da scrivere.

Le **onde** che si infrangevano sulla riva lo riportarono alla realtà. Il cammino verso la sua **nuova vita** era appena iniziato, ma per la prima volta, sentiva di essere nel **posto giusto** per seguirlo.

Era una mattina grigia quando Christian si svegliò nel piccolo appartamento che aveva trovato alle **Canarie**. Il **vento** fuori soffiava con una forza che sembrava voler scardinare le finestre, ma all'interno c'era una **quiete** quasi strana, come se quel piccolo spazio fosse il suo **rifugio** definitivo. **Il silenzio** che regnava in quella stanza sembrava più assordante del rumore del mare che lo circondava. Non era solo, ma la **solitudine** gli pesava come una coperta troppo pesante, che avvolgeva ogni angolo della sua **giornata**.

Si alzò lentamente, come se ogni passo fosse un atto di **resistenza** contro l'invadenza di quel silenzio. La **luce grigia** che entrava dalla finestra lo costrinse a riflettere, e per la prima volta in **settimane**, sentì il bisogno di mettere ordine dentro la sua mente. Aveva sempre associato la solitudine alla **fuga**, a qualcosa di **doloroso**, ma ora si rendeva conto che era la **solitudine** che cercava. Non più un **rifiuto del mondo** ma una ricerca di se stesso, un incontro che non sapeva di volere.

Guardò il suo **riflesso nello specchio**, e non vide solo un uomo che aveva scelto di andare via, ma uno che aveva preso una decisione. In quella stanza vuota, i **mobili minimalisti**, l'**odore di legno e di mare**, tutto gli parlava di **cambiamento**. Il **viaggio** che aveva intrapreso non era più solo una fuga dal suo passato, ma una ricerca di un futuro che non si sarebbe mai immaginato. Ogni scelta che aveva fatto, ogni passo che aveva compiuto, lo aveva portato lì, in quel momento, in quella stanza, a riflettere sul fatto che **la solitudine** non fosse qualcosa da evitare, ma qualcosa da **abbracciare**.

"**E adesso?**" pensò ad alta voce, come se cercasse conferme da un pubblico invisibile. "**Cos'è che trovo quando mi guardo allo specchio? Un sogno che si è finalmente realizzato, o una paura che si è fatta concreta?**"

Il **rumore del vento** lo fece tornare al presente. Si sedette sul letto, guardando fuori dalla finestra. La vista era **magnifica**, ma il suo sguardo non era più tanto assorbito dalla bellezza del **paesaggio** quanto dalle **domande** che affollavano la sua mente. Quella sensazione di essere arrivato in un posto che

sembrava giusto aveva cominciato a perdersi sotto il peso di una **nuova consapevolezza**. La bellezza delle Isole Canarie non bastava più a farlo sentire completamente realizzato. La **ricerca** era qualcosa che non finiva mai.

"**Forse, alla fine, non è la destinazione che conta,****" pensò Christian, con un sorriso che non riusciva a nascondere un po' di **sarcasmo**. "**Forse è stato il fatto di aver trovato il coraggio di partire.**" Una risata nervosa gli sfuggì dalle labbra. Quella risata, però, non aveva niente di amaro. Era solo una presa di **consapevolezza**.

Si alzò dal letto e si avvicinò alla **finestra**. Il vento soffiava più forte, sollevando **polvere** dalle strade e facendo ondeggiare i **palmeti** lungo il viale. Non c'era nulla di statico in quella città. Il **movimento** era **ovunque**. In un certo senso, anche lui si sentiva **in movimento**, come se la sua vita fosse qualcosa di in **costante cambiamento**, di continuo **rinnovamento**. Aveva smesso di cercare il posto perfetto dove rifugiarsi; si stava **adattando** a qualcosa di più grande, di più complesso. Non era più un **viaggiatore** in cerca di una destinazione, ma un **esploratore** che si stava abituando alla sua **propria libertà**.

Un suono interruppe la sua riflessione: il **cellulare** che vibrava sulla scrivania. Con un **sospiro** si avvicinò e guardò il numero che stava chiamando: **Laura**, la sua vecchia collega di **Milano**. Decise di rispondere.

"Ciao," disse Christian, cercando di sembrare più solido di quanto si sentisse.

"Ciao, come stai?" la voce di Laura era familiare, ma qualcosa nel tono gli sembrava più distante, come se il tempo e la distanza avessero creato un vuoto. "Allora? Come va la vita lì alle **Canarie**? È quello che ti aspettavi?"

Christian sorrise, ma il sorriso era più per lui che per lei. "È bello. Il **clima** è perfetto e la gente è tranquilla. Ma, sai, la vita non è mai come la immagini... Ci sono sempre cose da sistemare. E poi... la solitudine, è strano. Sembra che sia più difficile di quanto pensassi."

"Capisco," rispose Laura. "Ma non è la solitudine che conta, Christian. Quello che conta è trovare il **posto giusto**. Il posto dove ti senti davvero **te stesso**, dove non devi **fuggire** da nulla. E non è detto che lo troverai solo in una città o in un paese diverso. A volte il cambiamento avviene dentro di noi, in un momento inaspettato."

Le parole di Laura gli rimasero dentro. La solitudine che stava vivendo, quel **vuoto** che sentiva in certi momenti, non era più una condanna, ma una **possibilità**. Il cambiamento stava accadendo, ma non fuori di lui. Era qualcosa che si stava facendo strada dentro di lui, qualcosa che stava finalmente prendendo forma.

Si appoggiò alla finestra, guardando il mare in lontananza. La sua mente iniziava a fare pace con se stessa. Il viaggio, alla fine, non era stato solo geografico. Era stato un viaggio **interiore**, un percorso di scoperte e **accettazioni**. Si rendeva conto che le **difficoltà** non erano da temere, ma da affrontare. E che **la felicità**, quella vera, non dipendeva dal posto in cui si trovava, ma dal fatto che finalmente si stava **costruendo qualcosa di suo**.

"Forse ho trovato finalmente il posto giusto," pensò, con una leggera **soddisfazione**. Il mare fuori continuava a scorrere, ma dentro di lui, **la calma** stava prendendo piede.

La scoperta delle Canarie

Christian scese dall'aereo con il cuore che batteva più forte di quanto si fosse mai aspettato. Non era una questione di paura, ma di aspettativa: il peso di un sogno che aveva iniziato a prendere forma mesi prima, ma che ora sembrava prendere vita con ogni passo che faceva. Quando i suoi piedi toccarono la pista dell'aeroporto, sentì subito una differenza: non era l'aria condizionata di Milano, fredda e sterile, ma una calda carezza che si infiltrava sotto la pelle. L'aria delle Isole Canarie, con quel sapore di sale e di mare, era tutto ciò che il suo corpo cercava da tempo. Si fermò un attimo, respirando profondamente. Era come se il mondo stesso stesse dicendo: "Benvenuto." Ma non era solo il clima a colpirlo.

Davanti a lui si stendeva un paesaggio che sembrava dipinto da un artista esperto: montagne verdi, l'azzurro del cielo che si fondeva con l'oceano, e l'oro della sabbia che pareva sfiorare l'orizzonte. Un quadro da cartolina, ma che lui sapeva non bastava a definirlo tutto. Sapeva che la bellezza era solo un aspetto, e che la vita, a volte, nascondeva più ombre che luci. Le esperienze nei vari Paesi che aveva visitato gli avevano insegnato che ogni luogo aveva il suo lato oscuro, e se non fosse stato così, l'avrebbero già definito "paradiso" da tempo. Ma, in qualche modo, il suo spirito di avventura non poteva fare a meno di sperare che forse, qui, avrebbe trovato la risposta che stava cercando.

Rivolse un'occhiata alla sua valigia, la quale sembrava più un peso che un supporto, e si chiese, non per la prima volta, se avesse davvero fatto la scelta giusta. Il taxi che lo stava portando dall'aeroporto al suo appartamento temporaneo era un viaggio breve, ma ricco di nuovi dettagli. Guardava il paesaggio che cambiava rapidamente, mescolando l'urbanizzazione con la natura incontaminata. Le strade erano larghe, ma sembravano essere abbracciate dalla terra, come

se l'uomo fosse solo un ospite nella sua stessa casa. Poi, l'auto passò davanti a una piccola chiesa bianca e una distesa di palme che ondeggiavano sotto la brezza calda.
Nel silenzio del viaggio, il tassista, un uomo robusto con una camicia a maniche corte e un sorriso smagliante, si rivolse a lui: "So che è tutto bellissimo, ma ti dico una cosa, ragazzo: qui nessuno è venuto per le bellezze. Queste le troverai ovunque, alla fine." Fece una pausa e Christian sollevò le sopracciglia, incuriosito. Il tassista continuò con un tono che mescolava saggezza e un tocco di ironia: "Tutti sono venuti per i vantaggi fiscali, fratello. Questo è il vero paradiso qui." Christian non poté fare a meno di ridere. Si sentì sollevato, quasi come se stesse entrando in una realtà dove tutto era più chiaro. "Vantaggi fiscali," pensò. "Perché non ci avevo pensato?"
Il tassista guardò Christian dallo specchietto retrovisore, sorridendo. "Non fraintendermi," aggiunse. "Qui è bello vivere, ma il vero trucco è che puoi fare di più con meno. Però, devi sapere che non è solo il paesaggio che ti fa sentire a casa. Devi farti un posto." Christian annuì, riflettendo sulle sue parole. In quel momento, un pensiero attraversò la sua mente: "Forse, davvero, la bellezza non basta più."
Il taxi si fermò davanti a un edificio che sembrava appartenere a un'altra epoca, ma aveva la sua eleganza, un po' come il resto dell'isola: una sintesi tra il passato e il futuro. Il tassista lo guardò, questa volta con un sorriso più largo. "Benvenuto alle Canarie, ragazzo. Buona fortuna," disse, e prima che Christian potesse rispondere, l'auto sparì nella strada principale.
Christian si trovò di fronte al suo nuovo appartamento temporaneo, con la sensazione di essere in un posto che sentiva stranamente familiare e allo stesso tempo completamente nuovo. Alzò lo sguardo verso il cielo e, per un attimo, si sentì più leggero, come se tutto fosse possibile. Ma non poteva ignorare le domande che gli ronzavano in testa: "Che cosa mi aspetta davvero qui? È davvero la scelta

giusta?" Ma il pensiero che lo tormentava di più, e che sentiva crescere con ogni passo che faceva, era: "E se fosse solo un altro sogno che alla fine svanisce?"

Tuttavia, qualcosa nel suo cuore gli diceva che doveva essere lì, che questo era il punto di partenza di una nuova avventura, indipendentemente dalle difficoltà che lo avrebbero atteso.

Quando Christian varcò la soglia del suo nuovo appartamento, il senso di novità lo colpì immediatamente. Non si trattava di un lusso sfrenato, né di una sistemazione opulenta, ma era perfetto per iniziare. Le pareti bianche, quasi troppo luminose, sembravano respirare con lui, accogliendolo in questo spazio che per ora avrebbe chiamato casa. La stanza era semplice, con un letto matrimoniale, un piccolo tavolo e una finestra che dava su una terrazza spaziosa. La vista era ciò che lo conquistò subito: davanti a lui, l'incredibile azzurro del cielo e, più in là, il mare che si perdeva nell'orizzonte. Le palme ondeggiavano nella brezza leggera, i loro fruscii sembravano un inno alla tranquillità.

Un'incredibile sensazione di libertà lo pervase. "Come si fa a non sentirsi vivi in un posto del genere?" pensò. Ma subito dopo, con un sorriso quasi forzato, la razionalità si fece sentire, come una voce lontana che gridava: *Non illuderti.* Christian si lasciò cadere sulla sedia, tirando fuori dalla tasca il volo di ritorno che aveva prenotato in fretta prima di partire. Un gesto quasi inutile, una sicurezza che non sapeva di avere. *Dai, basta con queste paranoie. Questo è il momento, ce la puoi fare.*

Si alzò, camminò verso la terrazza e si sedette, lasciando che il caldo sole lo avvolgesse come una coperta. Guardando giù, osservava la strada, il traffico che si muoveva tranquillo, i passanti con il passo lento, quasi sospeso. Un bambino correva dietro a un pallone, ridendo, mentre una signora con cappello di paglia sembrava quasi danzare sulla sabbia con la sua borsa a righe. La vita sembrava perfetta, ma Christian sapeva che la perfezione era solo un'immagine dipinta in un angolo di realtà.

Con una risata nervosa, si chinò in avanti e guardò il mare. *Forse è tutto un miraggio*, pensò. La bellezza di questo luogo sembrava troppo perfetta per essere vera. Ma poi si fermò, e gli occhi si illuminarono. "E se fosse proprio questo ciò che sto cercando?" Si appoggiò allo schienale della sedia, lasciando che il vento gli accarezzasse la faccia. Il calore del sole, che non era mai troppo opprimente, sembrava penetrare nelle ossa e nel cuore, come una promessa di pace. Un respiro profondo gli fece capire che, anche se la realtà potesse non essere quella che si aspettava, qui il tempo scorreva in modo diverso, più lento, più naturale. Non c'erano le scadenze urgenti di Milano, né la frenesia che lo aveva sempre perseguitato. Qui, tutto sembrava più facile.

Eppure, sapeva che la tranquillità che provava ora non era altro che il primo passo in una lunga salita. Il pensiero delle sfide che lo attendevano lo fece sorridere di nuovo. *La solita storia: dove c'è libertà, c'è sempre un prezzo da pagare.* Ma mentre guardava il panorama, Christian decise di non farsi troppe domande. La vita alle Canarie gli sembrava una pagina bianca, una tela ancora tutta da dipingere.

Lo sguardo gli si soffermò sul mare, che ora appariva come un manto d'argento sotto il sole del pomeriggio. *Forse tutto questo è un'illusione. Forse domani mi sveglierò e capirò che non è il posto giusto.* Ma per ora, non gliene importava. Chiudeva gli occhi e si lasciava avvolgere dalla tranquillità, respirando a pieni polmoni l'aria salmastra e pensava che forse, sì, qui sarebbe riuscito a trovare quella calma che non riusciva più a ritrovare da anni. E la realtà sarebbe venuta da sé, un passo alla volta.

Christian aveva passato la sua prima settimana alle Canarie tra il fascino dei paesaggi mozzafiato e la dolcezza del clima perfetto, ma presto si accorse che anche questo angolo di paradiso aveva le sue ombre. Il primo giorno in cui decise di sistemare alcune pratiche burocratiche, si rese conto che, nonostante le promesse di una vita più facile, non esisteva posto al mondo dove sfuggire al tocco di Mida della burocrazia.

Si trovò davanti a un edificio imponente, con mura bianche e un portone che sembrava promettere soluzioni rapide, ma che nascondeva, come un grande inganno, ore di attesa. Entrò nell'ufficio amministrativo con un passo deciso, ma non appena varcò la soglia, la realtà lo colpì come un pugno. C'era una lunga fila di persone, ciascuna assorta nei propri pensieri o a chiacchierare con qualcuno accanto, mentre in fondo alla stanza una ventina di sportelli sembravano intimorire più che invogliare.

"Non posso credere che ci stia riprovando," pensò Christian, facendo un respiro profondo. Si diresse verso la fila, si mise in coda e guardò il soffitto, come se le nuvole disegnate sulle pareti potessero dargli una risposta sul tempo che avrebbe passato lì. Il contrasto tra il cielo blu che vedeva fuori e l'interno asettico dell'ufficio era, in qualche modo, una metafora della sua vita da quando era arrivato.

Accanto a lui, un altro straniero, un uomo dai capelli ricci e il viso segnato dal sole, lo guardò e, con un sorriso ironico, disse: "Beh, sembra che anche qui ci sia una fila per il paradiso." Christian rise, il suo buon umore che, nonostante tutto, non sembrava volerlo abbandonare. "Sì, immagino che questo sia il prezzo che si paga per avere spiagge dorate e montagne verdi," rispose, cercando di alleggerire la situazione con una battuta.

Il tizio gli lanciò un'occhiata divertita. "Non ci crederai, ma questa è la parte più rilassante della giornata. Aspettare in fila è la nostra unica certezza, qui come altrove." Christian sorrise, ma dentro si sentiva già più pesante. La fila sembrava non finire mai, e l'attesa non faceva che alimentare il pensiero che, da qualche parte, doveva esserci una scorciatoia per sfuggire a tutto questo. Ma la verità era che, come in ogni altro posto, non c'era niente che fosse davvero semplice.

Quando finalmente arrivò il suo turno, si trovò davanti a un funzionario che, con un sorriso gentile ma stanco, lo guardò e gli disse: "Fate attenzione, signore, qui ogni cosa richiede tempo." Christian sentì un sottile sarcasmo nelle parole, ma cercò di non prenderla troppo sul personale. Era la stessa burocrazia di sempre, solo che qui, forse, il sorriso era un po' più caloroso. Quando il funzionario gli chiese di riempire un modulo che già sapeva avrebbe dovuto fare, Christian esclamò, con tono scherzoso: "Speriamo che, almeno qui, i timbri abbiano il fascino del paesaggio."

Il funzionario sollevò le spalle e gli sorrise, come se avesse visto e sentito questa scena più volte di quante potesse contare. "Se non ti piace, non lo fai. Ma se vuoi restare, devi farlo." Christian rise amaramente. La frase, semplice quanto pragmatica, risuonò in lui come una verità cruda: non esisteva via di fuga. Non c'era posto in cui non dovessi affrontare le solite battaglie burocratiche. Non poteva sfuggire a quella parte del pacchetto, anche qui, alle Canarie.

Mentre si sedeva al tavolo per compilare l'ennesimo modulo, con la penna che scricchiolava sulla carta lucida, Christian non poté fare a meno di riflettere su quanto la vita fosse davvero un insieme di attese, su come il viaggio che tanto aveva sperato di intraprendere per trovare la felicità sembrasse ora essere costellato da ostacoli che assomigliavano molto a quelli che aveva lasciato indietro. Ma, a differenza dell'Italia, qui tutto sembrava più calmo, più sopportabile, anche se ugualmente frustrante. La distanza dalla frenesia di Milano e l'atteggiamento rilassato dei canari lo facevano sentire che, forse, anche la burocrazia qui aveva un lato umano.

"Dai, che tutto questo è solo un altro timbro da collezionare," pensò Christian con un sorriso. E mentre attendeva, capì che il vero viaggio non era solo quello verso un nuovo paese, ma quello che avrebbe dovuto affrontare ogni giorno nel tentativo di adattarsi a un mondo che, alla fine, non sarebbe mai stato completamente diverso.

Christian aveva passato la mattinata a cercare di districarsi nella giungla burocratica delle Canarie, ma ora, mentre camminava lungo la strada che portava al centro città, la sua mente iniziava a concentrarsi su un'altra possibilità: quella di avviare una propria attività. Dopo tutto, era sempre stato un tipo ambizioso, e l'idea di poter finalmente fare qualcosa che lo appassionasse lo rendeva più entusiasta di quanto avesse mai provato in Italia.

Le Isole Canarie, con il loro clima perfetto e la loro tranquillità, non erano solo un rifugio dal caos della vita urbana, ma anche un terreno fertile per le start-up. Christian aveva sentito voci sul sistema fiscale vantaggioso, e mentre passeggiava, un leggero vento gli accarezzava il viso, portando con sé il profumo del mare e della terra che sembrava promessa. Era quasi troppo bello per essere vero, ma la possibilità di un futuro diverso lo faceva sentire come un esploratore che aveva trovato finalmente una terra di opportunità.

Incontrò Laura, una giovane imprenditrice canaria, nel caffè accanto al suo appartamento. Lei lo accolse con un sorriso caloroso e un forte accento locale che, pur non essendo perfettamente comprensibile all'inizio, portava con sé un'energia che Christian trovò affascinante. Laura indossava un abito casual ma elegante, con scarpe da ginnastica bianche e una giacca in denim che le dava un'aria pratico-chic. I suoi capelli lunghi e disordinati erano raccolti in una coda di cavallo, e gli occhiali da sole, poggiati sulla testa, sembravano un accessorio che gridava "business woman con stile".

"Quindi, Christian, hai sentito parlare della fiscalità vantaggiosa per le start-up?" chiese Laura, mentre si sedeva e ordinava un caffè. Christian annuì, cercando di nascondere il suo entusiasmo crescente.

"Sì, ho letto qualcosa online," rispose, "ma come funziona davvero qui? Non posso fare a meno di pensare che sia troppo bello per essere vero."

Laura sorrise, come se avesse letto il suo pensiero. "Lo è, fino a un certo punto," disse, sistemando la tazza di caffè davanti a sé. "Qui le tasse sulle imprese sono basse, ci sono incentivi

per chi avvia attività innovative, e l'ambiente è davvero favorevole, se sai come muoverti. Ma il business alle Canarie è competitivo, e il rischio è alto se non ti metti in gioco. Siamo un'isola piccola, ma le persone che vengono qui a fare affari sono determinate, e non c'è spazio per chi non è pronto a combattere."
Christian rimase in silenzio, sorseggiando il suo caffè mentre rifletteva sulle parole di Laura. La sua mente iniziava a viaggiare. La possibilità di costruire qualcosa di proprio, di rimettersi in gioco in un contesto così diverso, lo affascinava, ma non riusciva a liberarsi del pensiero che ogni cosa avrebbe avuto un prezzo.
Laura, notando il suo silenzio, aggiunse: "Capisco che tu possa essere un po' scettico. È normale. Io stessa ho avuto dubbi quando ho deciso di avviare la mia attività. Le Canarie sono un posto bellissimo, ma se non sei pronto a sudare e a correre dei rischi, è meglio che ti tiri indietro. Qui non è un paradiso fatto per tutti, è una terra di opportunità, ma solo per chi sa come giocarsi le carte giuste."
Christian guardò il mare in lontananza, visibile dalla finestra del caffè, e per un momento si lasciò trasportare dalla bellezza del paesaggio. La sensazione di trovarsi in un luogo dove ogni cosa sembrava possibile gli dava una carica che non aveva mai provato prima. Ma sapeva anche che non sarebbe stato facile. Le difficoltà, i rischi, la concorrenza: erano tutte cose che doveva mettere in conto se avesse scelto di restare.
Laura continuò a parlare, ma Christian non riusciva a non pensare alla sua vita precedente. Quanti sogni aveva messo nel cassetto per paura di fallire? Quante volte si era trovato a inseguire opportunità che sembravano irraggiungibili? Ora, di fronte a questa nuova possibilità, sentiva che doveva fare qualcosa di diverso. Non poteva più vivere di rimpianti, e la paura di non riuscire a realizzare i suoi sogni lo faceva sentire come se il tempo stesse scivolando via senza che lui riuscisse a prenderlo al volo.

"Se decidi di fare il grande passo," disse Laura con un sorriso complici, "devi essere pronto a lasciarti alle spalle anche le paure. Le opportunità ci sono, ma solo per chi è pronto a rischiare."
Christian si sentì sollevato. Non aveva mai visto il rischio come un nemico. Era sempre stato un tipo che si buttava, che affrontava le sfide a testa alta. E se questo fosse stato il momento giusto per cambiare, per fare qualcosa che avrebbe cambiato la sua vita? Ma sapeva che la strada sarebbe stata lunga e impervia.
"Ci penserò," disse con un sorriso, cercando di mantenere il tono leggero, ma dentro di sé sapeva che la decisione era ormai in moto. La possibilità di fare qualcosa che lo facesse sentire vivo, che gli permettesse di costruire un futuro, stava cominciando a sembrare meno una fantasia e più una realtà possibile.
"Pensaci bene," rispose Laura, mentre si alzava per andare verso il bancone. "Ma non dimenticare: la vita è fatta di rischi, e se non lo fai tu, qualcun altro lo farà."
Con quella frase in testa, Christian si sentì più determinato che mai. Forse la sua ricerca del futuro era appena cominciata, e alle Canarie, tra la bellezza delle isole e le sfide che lo attendevano, avrebbe trovato finalmente il posto dove costruirlo.
Christian si svegliò presto, come ormai gli era diventato naturale. Le prime luci dell'alba filtravano attraverso la finestra del suo appartamento temporaneo, disegnando ombre morbide sulle pareti bianche e lisce. Il rumore del mare, distante ma costante, entrava attraverso la finestra aperta e lo accompagnava in ogni suo movimento. Si alzò dal letto, si guardò per un attimo nello specchio: capelli ancora disordinati, occhi svegli ma rilassati. Forse la stanchezza non era più quella di una volta. La vita alle Canarie, pur avendo le sue sfide, gli dava una sensazione che non aveva mai provato prima. Una sensazione di calma, di respiro profondo, di spazio.

Era una calma straniante, come se tutto fosse rallentato, ma allo stesso tempo in movimento. Ogni mattina, quando il sole sorgeva sulla sua nuova casa, aveva come la sensazione di essere stato catapultato in una realtà diversa, una dove il tempo scorreva senza l'ansia costante di una società che non lo faceva mai fermare.

Oggi, come ogni giorno, uscì per una passeggiata nei vicoli stretti di Las Palmas. La città, che all'inizio gli era sembrata stranamente familiare e aliena allo stesso tempo, lo accoglieva ora con un sorriso discreto. I muri delle case erano colorati, con balconi in legno e fiori che spuntavano ovunque, creando un contrasto perfetto con il cielo terso sopra di lui. Camminando, sentiva il calore del sole sulla pelle, ma non era il caldo soffocante che ricordava dalle estati in Italia. No, qui il clima era diverso: tiepido, avvolgente, senza la pesantezza che a volte faceva dimenticare di respirare.

Si fermò a un bar del quartiere, un piccolo locale che aveva visto più volte ma che oggi gli sembrava più invitante che mai. Il barista, un uomo anziano con una barba bianca e gli occhi gentili, gli fece un cenno con la testa e, senza aspettare che chiedesse, gli porse il solito caffè nero. Christian lo prese, sentendo già il calore del bicchiere che gli trasmetteva un'accoglienza che andava oltre il semplice gesto. La vita qui sembrava girare su un altro ritmo: niente fretta, nessuna corsa, solo un'energia calma e contagiosa.

"Come va?" gli chiese il barista con un sorriso che non sembrava mai finire, come se avesse sempre il tempo di chiedere, anche quando tutti gli altri sembravano troppo occupati per farlo. "Tutto bene," rispose Christian, cercando di nascondere un filo di emozione. Non sapeva bene cosa rispondere, ma sentiva che qui, in questo angolo di mondo, le parole non erano necessarie. C'era qualcosa nel silenzio che gli dava una risposta. "Sei nuovo, giusto?" continuò il barista, come se già lo conoscesse. "Da un po'," rispose Christian, sorridendo, mentre guardava fuori dalla finestra. Il mare era lontano, ma il suo suono sembrava avvolgerlo comunque.

Si sedette al tavolo all'aperto, osservando la vita che scorreva intorno a lui. Le persone camminavano lentamente, senza quella smania di arrivare da qualche parte che aveva conosciuto nelle città che aveva lasciato. Ogni passo sembrava più pensato, come se il camminare fosse una parte di qualcosa di più grande, di un viaggio che non finiva mai, ma che non doveva correre. Christian si prese un momento per riflettere: c'erano ancora problemi, certo, ma non erano quelli che aveva lasciato in Italia. Qui, nonostante la complessità della burocrazia e le difficoltà quotidiane che avrebbe dovuto affrontare, c'era una sensazione di pace che non aveva mai avuto. La tranquillità non era qualcosa che si comprava con la fatica e l'accumulo, era qualcosa che si guadagnava vivendo nel presente, nel qui e ora.
Un vecchio cane, con il pelo arruffato e gli occhi socchiusi dal sonno, si avvicinò al suo tavolo. Christian lo guardò e, senza pensarci, gli fece un cenno per farlo avvicinare. Il cane si fermò, si sedette ai suoi piedi, come se avesse capito che non c'era più bisogno di rincorrere nulla. Christian sorrise, accarezzandogli la testa. In quel momento, capì che la serenità che cercava non era un miraggio, non era un luogo fisico da raggiungere, ma qualcosa che poteva trovare semplicemente nel silenzio che lo circondava.
"Magari è tutto un sogno," pensò Christian, ma non ne fu preoccupato. Un sorriso si dipinse sulle sue labbra. Non importava se fosse un sogno o meno. C'erano momenti che valevano la pena di essere vissuti, e quel momento lo stava vivendo pienamente.
Era come se, per la prima volta, avesse capito che la felicità non fosse una destinazione da raggiungere, ma qualcosa che nasceva ogni giorno dalla tranquillità del presente. Sospirò profondamente, chiudendo gli occhi per un attimo. E quando li riaprì, il mondo gli sembrò più chiaro, più luminoso, e pieno di possibilità.
Christian si trovava seduto sulla poltrona del suo appartamento, con la finestra aperta che lasciava entrare la

brezza marina. Guardava fuori, il cielo limpido e azzurro che si stagliava sopra l'oceano, le onde che si infrangevano dolcemente sulla riva. L'aria calda delle Canarie gli accarezzava il viso, e per un momento, tutto sembrava perfetto. La città, con i suoi vicoli stretti e le case colorate, sembrava aver trovato il suo posto nel suo cuore. Ma il suo cuore era ancora diviso. C'era sempre quella domanda che lo tormentava: "E se mi sbagliassi?"

Si passò una mano tra i capelli castani, tirandoli indietro in un gesto distratto. Era stato così tanto tempo che sentiva di appartenere a un posto, ma ora che finalmente si trovava in un luogo che sembrava dargli quella sensazione, il dubbio si faceva largo. L'idea di fermarsi, di costruire finalmente una vita solida, lo rendeva euforico, ma anche leggermente spaventato. Aveva viaggiato tanto, si era adattato a diverse realtà, aveva messo alla prova se stesso, ma ora che si trattava di fare un passo definitivo, non riusciva a decidere.

"E se mi sbagliassi?" si chiese a voce alta, come se quella domanda potesse dargli la risposta. La sua riflessione venne interrotta dal rumore lontano di una moto che passava, ma la risposta non arrivò. Non venne dal rumore della città né da un cambiamento improvviso del paesaggio. La risposta doveva arrivare da lui, e solo da lui. Perché, in fondo, Christian lo sapeva. La sensazione di essere nel posto giusto era così forte, così chiara, che nessuna domanda sarebbe riuscita a cancellarla. Tuttavia, il dubbio era sempre lì, pronto a presentarsi ogni volta che la sua mente si fermava a pensare. Guardò fuori dalla finestra, il paesaggio che gli era diventato familiare ormai, ma che in quel momento gli sembrava più lontano di quanto non fosse. Le palme che si muovevano leggere nel vento, i turisti che passeggiavano tra le strade del centro, il profumo di mare che entrava e si mescolava all'odore delle caffetterie. C'era una bellezza in quel momento, ma anche un'inquietudine, come se il cielo potesse crollare improvvisamente, come se tutto ciò che stava vivendo fosse una fugace illusione.

Ma Christian sapeva una cosa: la felicità non si trovava mai nel prossimo passo. Non nelle mille destinazioni, non nelle città che aveva lasciato e nemmeno in quelle che stava ancora esplorando. La felicità, quella che cercava, si trovava nelle scelte che aveva fatto fino a quel momento. Si trovava nel coraggio di aver lasciato l'Italia, nel coraggio di aver intrapreso un viaggio che lo aveva cambiato profondamente. Era in quella piccola sensazione di pace che sentiva mentre sorseggiava un caffè al bar del quartiere, quando parlava con la gente del posto, quando rideva con Marco, quando discuteva con Ana sulla vita alle Canarie. La felicità non era la destinazione, era il percorso. E quella, forse, era la lezione più importante che avesse imparato.

Christian si alzò dalla poltrona e si diresse verso la finestra. Il suo riflesso nel vetro gli mostrava un uomo diverso, forse più giovane, ma sicuramente più consapevole. Si sentiva pronto. Pronto a fare quel passo, non perché fosse sicuro che fosse il posto giusto, ma perché aveva finalmente imparato a scegliere per sé stesso. Non importava se avesse avuto paura. Non importava se non fosse mai stato del tutto sicuro. Quello che contava era che, per la prima volta, aveva il coraggio di scegliere e, soprattutto, di vivere la sua vita, con tutte le sue incertezze.

Guardò ancora un attimo il panorama, il mare che luccicava sotto il sole e le montagne verdi che facevano da sfondo. Respirò profondamente. "Sì," pensò. "È questo il momento. Questo è il mio posto." Con un sorriso leggero, quasi beffardo, si girò e tornò al suo tavolo. Con un gesto deciso, prese il telefono, scorse le opzioni per la sua nuova attività, e cominciò a fare i primi passi verso un futuro che non avrebbe mai potuto immaginare prima.

Christian, con un ultimo sguardo al cielo, si sentì libero come non lo era mai stato. E, finalmente, capì che la vera risposta non era mai nelle scelte giuste o sbagliate, ma nel coraggio di fare quelle scelte.

Il paradiso che cercava

Christian si sveglia presto, come al solito. Non c'è l'urgenza di alzarsi dal letto con l'ansia che lo rincorre, non c'è l'orologio che scandisce il suo respiro, come in quella Milano dove ogni minuto sembrava un tesoro perduto. Qui, alle Canarie, il tempo non è più un nemico, ma un compagno di viaggio. Alzandosi, afferra la sua t-shirt nera, quella che ormai conosce bene – la preferita, minimalista e senza fronzoli – e la indossa mentre si prepara per la sua corsa quotidiana. È ormai un rituale che lo accompagna da quando è arrivato, e mentre indossa le scarpe da ginnastica, si sorprende a pensare che, finalmente, non è la corsa a stressarlo, ma il semplice piacere di sentirsi libero di respirare l'aria salmastra dell'oceano.
Esce dall'appartamento con passo tranquillo, le chiavi in tasca che tintinnano leggermente ad ogni passo. È quasi l'alba e il cielo è ancora sfumato di un blu profondo, ma l'orizzonte inizia a tingersi di arancione, preannunciando una nuova giornata calda, ma leggera. La spiaggia, pochi passi di distanza, è ancora deserta, solo la sabbia fredda sotto i piedi gli ricorda che il giorno deve ancora cominciare per davvero. Mentre corre lungo la battigia, l'unico rumore che lo accompagna è quello delle onde che si infrangono ritmicamente, come se il mare volesse dirgli qualcosa, ma in modo pacato, senza fretta, come la vita stessa che ora sembra scorrere più lentamente.
Il suo respiro si fa profondo, quasi un mantra. "Non è questo che cercavo?", si chiede, mentre continua la sua corsa. Ogni passo sulla sabbia è come una liberazione dal peso degli anni passati, dalle scadenze e dalle ore sprecate dietro a scartoffie e incontri inutili. Non ha più l'esigenza di essere sempre in movimento. Ogni secondo, adesso, sembra essere denso di possibilità, pieno di quello che in Italia sarebbe stato solo un

sogno. Le gambe si muovono con naturalezza, la mente libera da ogni pensiero di scadenze, obiettivi e prestazioni. Il respiro si fonde con l'aria salata, e per un attimo si sente come un viaggiatore che ha finalmente trovato la sua rotta.
Dopo la corsa, si concede una lunga passeggiata nel centro di Las Palmas. Le strade, svegliate da poco, si animano con il passaggio di pochi turisti e qualche locale che si sta preparando per la giornata. I negozi stanno aprendo, i bar già pronti a servire il caffè e i mojito. Si ferma in uno dei suoi posti preferiti, un piccolo bar con una terrazza che affaccia sulla piazza principale. La luce dorata del mattino si riflette sui pavimenti di piastrelle bianche e azzurre, mentre il profumo di caffè appena fatto si mescola con l'odore del mare che arriva da lontano.
"Sembra quasi che tutto qui si muova più lentamente, eh?", dice a se stesso, sorseggiando il suo caffè, e si guarda intorno. I turisti, con le loro telecamere appese al collo, sono impegnati a fotografare ogni angolo, cercando di catturare il fascino esotico di un luogo che sembra, almeno per loro, fuori dal tempo. I locali, invece, sono più rilassati, seduti nei bar, chiacchierando senza fretta, come se avessero tutto il tempo del mondo. Lui, nel mezzo, sorride tra sé e sé. "Forse, sono proprio io ad avere bisogno di rallentare."
Un anziano signore, seduto poco distante, gli sorride mentre osserva la sua espressione pensierosa. "La vita qui non ha fretta," gli dice in un accento canario che Christian ha imparato ad amare. "Abbiamo il tempo di vivere ogni giorno come viene." Christian annuisce, sorseggiando ancora il suo caffè. Sente il sole che inizia a scaldare la pelle e, per la prima volta in tanto tempo, non ha fretta di finirlo. Non ha bisogno di affrettarsi, di conquistare ogni secondo. Per la prima volta, si lascia semplicemente andare al momento, come se ogni battito del cuore si allineasse finalmente con il respiro dell'isola.
Osserva il paesaggio, le palme ondeggiano lentamente nel vento, il mare scintilla lontano, e la città sembra respirare

insieme a lui, come una creatura viva e consapevole del suo ritmo. "Non è questo che cercavo?", si chiede ancora, ma questa volta senza ansia. Sa che la risposta non è urgente. La sua vita sta cambiando, ma lo sta facendo con dolcezza, come la brezza che accarezza la sua pelle mentre si siede sulla terrazza.

Christian si sveglia con il sole che già filtra attraverso le tende della sua finestra, e per la prima volta non sente il peso di un'altra giornata fatta di obblighi. Non c'è il ticchettio incessante di un orologio che lo fa correre, né la sensazione di dover sacrificare una parte di sé per rispettare scadenze imposte da altri. Non più. Ora la sua vita è nelle sue mani, e lo sente chiaramente quando si alza dal letto, con il piede che tocca per primo la piastrella fredda del pavimento. È una sensazione nuova, mai sperimentata fino a quel momento: il controllo della propria giornata, la libertà di decidere da solo come passare il tempo.

Non ha bisogno di correre in ufficio, non ha bisogno di essere sempre pronto a rispondere alle e-mail urgenti o a partecipare a riunioni che sembrano non portare mai a nulla di concreto. Christian si dedica alla sua colazione con la stessa calma che ha ormai imparato a vivere. Si prepara un caffè nero, forte, che si mescola al profumo della brezza marina che entra dalla finestra. La sua casa, piccola ma accogliente, è piena di colori chiari, arredi semplici e funzionali, che riflettono la sua nuova vita, senza fronzoli ma confortevole. Ogni angolo sembra essersi adattato al ritmo più lento e tranquillo che finalmente riesce a vivere.

"Questa è la vita che avevo in mente," si dice, mentre sorseggia il caffè, godendo della luce che filtra e che illumina il suo viso. Per la prima volta, da quando è arrivato alle Canarie, si sente veramente a casa. Ma c'è di più, la sua mente è piena di nuovi progetti, di idee fresche e stimolanti. Il lavoro da freelance, che fino a poco tempo fa gli sembrava solo una fantasia, ora è una realtà.

Accende il computer, il rumore della tastiera che scorre velocemente sotto le sue dita è un suono che gli dà una sensazione di efficienza, di controllo. Niente più lavoro alienante per qualcun altro, niente più doveri obbligatori: ora può concentrarsi su quello che gli piace davvero fare. Il sistema fiscale favorevole alle Canarie gli permette di risparmiare su molte spese, ma anche di investire in progetti che in Italia sarebbero stati difficili da realizzare senza l'oppressione di una burocrazia che rallentava ogni passo. "Che differenza, non c'è neanche bisogno di rimanere in fila per ore in un ufficio," riflette Christian, guardando la sua agenda. È tutto più semplice qui, ogni piccola azione sembra scorrere con naturalezza.

Decide di contattare alcuni clienti locali, che aveva incontrato nei primi giorni, proponendo loro i suoi servizi. Le opportunità non mancano: un'azienda che vuole rifare il sito web, un ristorante che ha bisogno di un logo più accattivante, un piccolo brand che sta cercando un consulente per il marketing digitale. L'atmosfera è vivace, e c'è la sensazione che, in un luogo dove tutto sembra più semplice, le idee possano finalmente prendere forma con maggiore libertà. Christian si trova a sorridere, mentre scrive le prime e-mail ai clienti. La sua mente è in fermento, ma in modo sano, produttivo, come un fiume che scorre liberamente senza ostacoli. "Dovevo fare questo passo anni fa," si dice con un sorriso soddisfatto, mentre preme invio e si lascia un momento per riflettere.

Non c'è più la paura di fallire, non c'è più il timore di essere intrappolato in un sistema che ti fa sentire inutile. Qui, alle Canarie, sente che il vento soffia a favore, che c'è davvero una possibilità di crescita, di creatività. Il lavoro che sta facendo adesso è suo, tutto suo, e finalmente ha l'opportunità di scegliere ogni passo che farà. "Non c'è più bisogno di farsi schiacciare dalla routine, da un sistema che non capisce la tua energia," pensa, osservando il cielo sereno fuori dalla finestra.

Il tempo che passa ora sembra un alleato, non un nemico. Le giornate sono lunghe, ma senza ansia, piene di idee che si sviluppano da sole. Ogni progetto che si sviluppa è un piccolo passo verso il suo futuro, un futuro che è finalmente in mano a lui. Ma c'è ancora un sorriso di meraviglia sul suo volto mentre si chiede come abbia potuto resistere così tanto in un posto che non gli dava la possibilità di essere se stesso. "Cosa mi ha fatto rimanere per tutto quel tempo?" si domanda mentre guarda fuori dalla finestra, sorseggiando il suo secondo caffè del mattino.

Ogni mattina, Christian si sveglia con una sensazione che non aveva mai provato prima. Non è solo il calore del sole che entra dalla finestra, ma l'aria, quella leggera e fresca, che gli accarezza il viso come una carezza affettuosa. Alzandosi, si avvicina alla finestra e guarda fuori. La vista è mozzafiato. Il mare blu si estende all'orizzonte come una tavolozza di colori che cambia ogni minuto. L'acqua luccica sotto i raggi del sole, ed è difficile capire dove finisce il cielo e inizia il mare. Le montagne verdi che si stagliano all'orizzonte sembrano disegnate da un artista che ha avuto tutto il tempo del mondo per perfezionare ogni curva, ogni ombra. Non è solo bellezza, è poesia. È come se ogni angolo della terra fosse stato pensato per dargli pace. "Non è possibile," pensa, mentre sorride quasi incredulo, "la vita può davvero essere così semplice?"

Ogni mattina diventa un regalo. E Christian si prende il tempo per gustarlo. Non c'è più fretta di alzarsi, di correre, di pensare alle cose che non si è riuscito a fare il giorno prima. Non c'è più il suono stressante della sveglia, né l'urgenza di prepararsi in un minuto per il lavoro. Ora il tempo sembra farsi largo con calma. Il suo nuovo risveglio non è solo fisico, ma anche interiore. Quando scende le scale del suo appartamento, sente che ogni passo è meno pesante, come se stesse lasciando dietro di sé tutto ciò che gli faceva ansia. "Oggi è un giorno perfetto," si dice, mentre esce per la sua corsa sulla spiaggia.

La sabbia, fresca sotto i suoi piedi nudi, è un'altra piccola meraviglia di cui prima non aveva mai preso pienamente coscienza. Ogni passo sembra accompagnato dal respiro del mare, come se l'oceano stesso gli stesse dicendo che non ha fretta. Le onde, che si infrangono sulla riva, si mescolano al battito del suo cuore, al ritmo della sua corsa. Non è più solo una corsa fisica, ma una corsa per liberarsi, per assaporare quella che sembra una nuova vita. L'aria salmastra che gli entra nei polmoni gli dà una sensazione di freschezza, di rinnovamento. Il respiro è profondo, il corpo leggero.

Dopo la corsa, si ferma per un caffè, un'abitudine che è diventata quasi sacra. La tazza fumante tra le mani è il suo piccolo momento di riflessione. Si siede su una panchina che affaccia sul mare, la brezza che gli scompiglia i capelli mentre sorseggia lentamente. "Chi avrebbe mai detto che il mare sarebbe stato il mio rifugio?" si dice, sorridendo tra sé e sé. Non è mai stato un tipo da contemplazioni, ma qui, alle Canarie, sembra che la natura gli offra la possibilità di rallentare il passo, di fermarsi e ascoltare.

Gli occhi si perdono nel blu dell'oceano, e Christian si rende conto di quanto ogni dettaglio sembri avere un peso diverso. Le palme che ondeggiano lievemente al vento, il profumo della salsedine, il rumore delle onde: sono tutti elementi che si combinano per creare una melodia che lo culla. Non ha più bisogno di cercare risposte in cose grandi, in sogni lontani. La serenità che sta scoprendo nelle piccole cose è più preziosa di qualsiasi grande cambiamento avesse immaginato.

Durante la passeggiata nel parco, i suoi pensieri sono leggeri. Cammina senza una meta precisa, seguendo semplicemente i sentieri che lo portano tra gli alberi. Le foglie che cadono dai rami sembrano danzare nell'aria, spinte dal vento come una coreografia improvvisata. I colori dell'autunno, seppur delicati, sono vivi in ogni angolo del parco, come un quadro che prende forma davanti ai suoi occhi. E mentre cammina, si rende conto di quanto il mondo intorno a lui stia cambiando. Non sta cambiando il posto, ma il suo modo di viverlo. Non è

più in una fuga, non è più alla ricerca di una vita che non ha mai trovato. Ora, ogni passo che compie è una piccola conquista. Ogni respiro che fa è un atto di gratitudine.
"Per quanto possa sembrare strano, è come se avessi trovato la mia oasi," pensa. La sua oasi non è fatta di sabbia dorata o acque cristalline, ma della tranquillità che finalmente trova nel momento presente.
Mentre si siede su una panchina, osservando il paesaggio che lo circonda, si rende conto che la felicità che aveva cercato, quella che pensava di dover inseguire in luoghi lontani, era sempre stata qui. Non nei posti, ma nella consapevolezza che finalmente si stava permettendo di vivere davvero. Con un sorriso, Christian prende un respiro profondo e pensa che forse la bellezza della vita non sta nel raggiungere traguardi lontani, ma nel fermarsi a guardare il mondo con occhi nuovi, ogni giorno. E il mondo, oggi, è perfetto così com'è.
Christian si sveglia presto, come sempre, ma non ha fretta. Non c'è la pressione della sveglia che lo scuote dal sonno o quella corsa frenetica che un tempo definiva la sua giornata. Il suono del mare che si infrange delicatamente sulla riva lo accoglie ogni mattina, come una melodia che inizia lentamente a risvegliarsi. Si alza e si dirige verso il balcone, dove il sole sta cominciando a sollevarsi sopra l'orizzonte, tingendo il cielo di sfumature calde di arancio e rosa. Si ferma un momento a guardare, come se stesse cercando qualcosa di nascosto tra le nuvole. Non è alla ricerca di risposte, ma di qualcosa che si avvicini alla sensazione di pace che ora si è fatta spazio dentro di lui.
Il caffè, che ora prepara con calma ogni mattina, è diventato un rito che non ha fretta di concludere. Ogni tazza, ogni sorso, è un piccolo piacere che lo aiuta a entrare nella giornata con il piede giusto. La tazza fumante tra le mani diventa un piccolo mondo dove rifugiarsi prima che il resto del mondo prenda forma. Nessun orologio da battere, nessuna

scadenza che incombe. Le mani di Christian, mentre mescolano il caffè, sono tranquille, il corpo rilassato.

Si sente come se la vita stesse iniziando a passargli davanti lentamente, ma non in modo opprimente. La velocità, quella stessa velocità che un tempo era il ritmo della sua vita, sembra essere scomparsa. Non è più necessario correre. Passeggiando per il centro di Las Palmas, si ferma a ogni angolo, a ogni negozio, senza il timore di perdere tempo. I turisti si affrettano tra i vicoli, ma lui non ha più quella sensazione di dover fare parte della corsa. Si ferma nei caffè, chiacchiera con i proprietari, si concede una pausa per godersi una birra fresca. "Un altro mondo," pensa tra sé, sorridendo mentre osserva un anziano che si gode il suo pranzo sul marciapiede, completamente assorto, come se il mondo non fosse altro che una piccola parentesi.

La sua routine è cambiata, ma lo ha fatto con una delicatezza che lo ha sorpreso. Non ci sono più spazi di tempo vuoti, solo momenti che non devono essere "riempiti". La giornata inizia con un lento abbraccio alla bellezza del presente. Camminare sulla spiaggia, con i piedi nudi che affondano nella sabbia morbida, è ora una delle sue attività preferite. Non corre, non cammina velocemente, ma lascia che ogni passo gli porti un po' di quella calma che si sta lentamente radicando in lui. "È così semplice, eppure così difficile da trovare," pensa. Le onde si frangono vicino alla riva, e la sensazione di essere immerso in quella naturale semplicità lo avvolge come un caldo abbraccio.

La sera, quando il sole cala dietro le montagne, Christian si trova spesso a cenare nel giardino di casa, circondato da amici che ha incontrato alle Canarie. Non sono legami profondi e radicati, ma sono relazioni che non hanno bisogno di troppo per fiorire. Le risate che si scambiano durante il pasto sono leggere, facili, come il pane che si spezza in due. Le mani si muovono in aria, si raccontano storie di viaggi e di esperienze, di speranze e di sogni che si intrecciano in un filo di connessioni casuali ma sincere. La conversazione non ha fretta di arrivare a un punto, non c'è bisogno di fare le cose in tempo. E mentre il vino scorre e le risate si spandono nell'aria fresca della sera, Christian si rende conto di quanto la vita che aveva cercato di costruire sia finalmente qui, nelle piccole cose.

Quando esce a fare una passeggiata, spesso si ferma a guardare il tramonto, a respirare profondamente. Ogni giorno sembra più tranquillo, ma anche più prezioso. Non sente più il bisogno di raggiungere qualcosa. La sensazione che provava prima, quella frenesia che non lo faceva mai sentire completo, sembra essere stata sostituita da un piacere più genuino: quello di essere presente. La luce del tramonto filtra tra le nuvole e si riflette sull'oceano, come se la natura stessa gli stesse regalando una benedizione. È in quel momento che capisce davvero cosa significa vivere la vita pienamente. Non è nelle corse, non nelle grandi conquiste, ma nella tranquillità del quotidiano.

"A volte è davvero così semplice," pensa Christian, mentre si siede su una panchina nel parco, guardando il mondo intorno a lui che continua a scorrere. La serenità non è da cercare nei sogni irraggiungibili o nei grandi obiettivi, ma nelle piccole cose che riempiono le giornate senza fare rumore. Il gusto del caffè la mattina, la risata di un amico, una passeggiata tranquilla sulla spiaggia al tramonto. La felicità non è più un obiettivo lontano, ma una sensazione che può essere assaporata ogni giorno, nella bellezza dei piccoli momenti.

Christian si sveglia una mattina con la sensazione che qualcosa non vada per il verso giusto. Nonostante le bellezze mozzafiato che lo circondano, nonostante il mare cristallino e le montagne che sembrano disegnate da un artista, la realtà si presenta meno semplice di quanto avesse immaginato. Il suo sogno di una vita serena e rilassata alle Canarie è lontano dalla perfezione che aveva immaginato.

Il mercato del lavoro qui è molto più competitivo di quanto avesse previsto. L'idea di essere un freelance gli aveva dato un briciolo di libertà, ma ora si rende conto che quella libertà ha un prezzo. Ogni volta che apre la sua email, spera di trovare una nuova proposta, un nuovo cliente che lo faccia sentire come se il suo sogno fosse realizzabile. Eppure, la risposta è spesso la stessa: "Al momento non abbiamo bisogno di altri collaboratori." La frustrazione comincia a farsi sentire.

Nel frattempo, la solitudine che inizialmente aveva accolto come una compagna di crescita e introspezione inizia a pesargli. Le giornate si allungano, e sebbene adori passeggiare lungo la spiaggia e respirare l'aria fresca del mare, non può fare a meno di sentirsi un po' perso. Le conversazioni che un tempo lo ricaricavano si sono rarefatte. Si trova a pensare a chi ha lasciato in Italia: amici, colleghi, un contesto che, per quanto frustrante, almeno offriva una certa stabilità. Ora, a Las Palmas, si sente come un pesce fuor d'acqua. La sua mente si riempie di domande: "Forse ho preso la decisione sbagliata. Mi sono lanciato in questa avventura senza calcolare bene tutte le variabili."

Eppure, nonostante queste difficoltà, Christian non si arrende. Con una risata nervosa, si ripete che nessun posto è perfetto. Si guarda allo specchio e si rende conto che il coraggio che ha avuto nel partire non può svanire così facilmente. Le incombenze burocratiche sono ancora lì, con le file agli uffici pubblici e le pratiche che sembrano non finire mai, ma lui ormai è abituato a questa sfida. L'idea di un mondo senza documenti, senza scartoffie, senza lunghe attese, sembra essere solo un sogno che non gli appartiene.

"La vita è questa," pensa, mentre prende un caffè e osserva il cielo sereno fuori dalla finestra. "Non si può avere tutto. Se vuoi un cambiamento, devi affrontare le difficoltà che vengono con esso." La solitudine lo fa riflettere, ma lo spinge anche a guardarsi dentro, a cercare quella parte di sé che non aveva mai avuto il tempo di ascoltare. Il mercato del lavoro alle Canarie è difficile, ma lui sa che le cose buone richiedono tempo e pazienza. Non è più il ragazzo che cercava la felicità fuori, nel prossimo successo o nella prossima opportunità.

Ora sa che la felicità è nel percorso che sta percorrendo, anche se a volte si sente stanco, incerto.

Il sorriso che si forma sul suo viso quando riflette su questo è leggermente amareggiato, ma anche pieno di determinazione. Si rende conto che non sta solo cercando un posto dove vivere. Sta cercando un posto dove, finalmente, potersi realizzare come persona. Certo, la strada è impervia e piena di ostacoli, ma questo è il suo viaggio. E ogni passo che fa, anche il più difficile, è un passo verso la realizzazione di un sogno che sta cercando di costruire, un pezzo alla volta.

"Nessun posto è perfetto," si ripete, ma con una consapevolezza nuova, come se, finalmente, il fatto che la perfezione non esista non fosse più una delusione, ma una libertà. E, alla fine, quella libertà vale più di qualsiasi altro traguardo.

Christian inizia a percepire il vero cambiamento, e non è più solo questione di nuove circostanze esterne. Ha smesso di rincorrere il futuro, come faceva a Milano, sempre con un piede nel presente e l'altro già proiettato verso l'incertezza. Qui, alle Canarie, ha scoperto un ritmo diverso, un respiro che gli mancava da troppo tempo. Non ha più quella sensazione di dover dimostrare continuamente qualcosa, di essere sempre in attesa di un'opportunità che forse non sarebbe mai arrivata. Qui, le giornate non sono più una corsa contro il tempo, ma un dono che riesce finalmente a cogliere, ogni minuto che passa.

La serenità che gli sembra quasi nuova è il frutto di un lavoro interiore che ha cominciato senza nemmeno accorgersene. La frenesia dei giorni passati, le preoccupazioni costanti e la sensazione di non essere mai abbastanza sono ormai lontane. Ora, ogni respiro che prende è più profondo, come se l'aria stessa che lo circonda fosse cambiata. C'è qualcosa nel mare che gli parla, qualcosa nella quiete che ha trovato nelle montagne verdi che circondano la città. Ogni vista è come un invito a rallentare, a vivere davvero, senza fretta.

Un pomeriggio, mentre si trova nel suo appartamento, seduto sulla terrazza con il sole che scivola lentamente all'orizzonte, osserva il panorama e si sente pervaso da una pace che pensava impossibile. "Ecco, questa è la mia vita adesso", si dice tra sé, mentre la brezza marina gli accarezza il volto. Non è più il ragazzo che cercava di farsi strada in una città caotica, dove ogni giorno sembrava una lotta. Non è più l'uomo che sognava di cambiare tutto, ma che non trovava mai il coraggio di farlo. Ora è qualcuno che ha trovato il suo posto. Non è perfetto, ma è suo.

Riflette su tutto quello che ha lasciato indietro: la sua vita in Italia, il caos delle città, le lunghe giornate in ufficio, e la sensazione costante di vivere nel limbo. Tutto questo sembra ora appartenere a un'altra vita, quasi come se fosse stato qualcun altro a viverla. Il suo nuovo "io" è più sereno, più capace di accettare le sfide senza esserne sopraffatto. Le cose che prima lo turbavano ora sembrano piccole. Le difficoltà quotidiane, la gestione di una vita da freelance, le incertezze legate al futuro, sono tutte sfide che accoglie con un sorriso, non più con il timore di fallire, ma con la consapevolezza che ogni errore è parte del viaggio.

Con il sole che cala all'orizzonte, Christian si rende conto che il vero cambiamento non è stato solo una questione di trasferirsi, ma di trasformarsi internamente. Le cose che gli davano ansia prima, ora non lo spaventano più. Sente una sorta di forza tranquilla dentro di sé, che non aveva mai percepito. Non ha più bisogno di rispondere a chi lo giudicava o a chi pensava che dovesse fare di più. La sua definizione di successo si è spostata dal soddisfare le aspettative al vivere in armonia con ciò che è.

"Ogni giorno è un'opportunità", pensa mentre guarda il mare riflettersi nei colori del tramonto. Per la prima volta, non c'è bisogno di inseguire nulla. È nel posto giusto, lo sa. La sua ricerca di felicità non è stata una caccia disperata, ma una scoperta lenta, graduale, che lo ha portato proprio dove doveva essere.

Quando la luce del giorno lascia spazio alla calma della notte, Christian si alza dal terrazzo e si dirige verso la cucina per prepararsi una cena semplice, ma soddisfacente. Un sorriso compiaciuto appare sul suo volto mentre pensa che questa, finalmente, sia la vita che aveva sempre voluto. E lo sa, senza dubbio, che il viaggio più importante è stato quello verso se stesso.

Le sfide e il nuovo inizio

Christian si ritrova davanti al suo laptop, che sembra quasi ridere con lui, un sorriso beffardo che gli dice: *"Benvenuto nel mondo del freelance."* Il suo primo giorno da libero professionista è quasi troppo tranquillo per essere vero. Nessun capo che lo guardi dall'alto, nessuna scadenza imposta dall'esterno. La libertà sembra avere un prezzo che non riesce ancora a comprendere. Ma è lui stesso che l'ha scelto, quella libertà. Eppure, davanti a lui, lo schermo è vuoto, la pagina bianca lo sfida a scrivere il suo futuro. La sua mente è un turbine di idee, ma non sa da dove cominciare. "Partiamo dalla base," si dice, rassegnato a dare un primo passo fuori dalla sua zona di comfort.

Si ferma un attimo, sbirciando fuori dalla finestra, dove il sole sembra essere in modalità "vacanza" permanente. Ma poi ritorna al suo schermo, che non smette mai di brillare di quell'illuminazione troppo intensa che fa sembrare tutto possibile. La sua scrivania, ordinata con la precisione che solo un ex impiegato può apprezzare, è il suo campo di battaglia. Una tazza di caffè fumante è lì per dargli la carica, anche se l'unica cosa che sembra davvero pronta a "caricare" sono le scadenze, che non esistono ancora.

Gli basta un respiro profondo per sentirsi pronto. Inizia a fare ricerca sui clienti locali. Esamina i siti web delle piccole aziende canarie che potrebbero aver bisogno di un professionista come lui. Scrive le prime e-mail, le dita che scorrono sulla tastiera come se stesse suonando una melodia, una melodia fatta di parole e opportunità. Eppure, ogni messaggio che invia sembra una piccola bottiglia lanciata nell'oceano, sperando che arrivi a destinazione. Le risposte cominciano ad arrivare. Alcune sono incoraggianti, altre semplicemente educatamente confuse. Ma Christian sorride comunque. Ogni risposta, anche quella che sembra una formalità, è un piccolo segno che il suo mondo sta cambiando.

Il primo incontro con un potenziale cliente è un mix di eccitazione e paura. È il tipo di situazione che ti fa sudare freddo anche se fuori c'è il clima perfetto per un gelato. Quando entra nel caffè, nota subito come le voci si mescolano in un sottofondo confuso, che amplifica la sua sensazione di essere appena un piccolo granello in un mare di opportunità. Ma è anche una sensazione strana, quasi magica, che lo fa sentire più vivo di quanto non fosse da tempo. Il cliente è un uomo di mezza età, vestito in modo casual ma con un'attitudine da "lupo di Wall Street". Dopo aver preso posto, il loro dialogo inizia a fluire lentamente.

"Bene, Christian, mi interessa quello che fai. Sei giovane e hai energia, vedo. Hai esperienza, giusto?" chiede il cliente, mentre sposta il suo cappuccino in ceramica con un gesto talmente deliberato che sembra essere parte di un rito.

"Beh, non sono certo al top della mia carriera, ma posso portare idee fresche," risponde Christian, con un sorriso nervoso che cerca di nascondere l'emozione di essere finalmente lì, in quel momento.

"Fresche, eh? Allora ti dirò una cosa. Qui non siamo a fare il giocoliere con le idee, amico. Qui bisogna dimostrare. Ti piace la sfida?"

Christian non può fare a meno di ridere dentro di sé, pensando che la vera sfida non è tanto affrontare il cliente, ma convincere se stesso che è pronto a tutto. Ma è solo un pensiero fugace. Deve essere pronto a tutto, o non lo sarà mai.

Il giorno dopo, si ritrova di nuovo davanti al suo computer, le mani che tremano un po' mentre compone una nuova e-mail. "I clienti sono come i tram," pensa tra sé, "uno va via, un altro arriva." E, come un tram che passa ogni mezz'ora, le opportunità arrivano a piccole dosi. Inizia a rendersi conto che il suo nuovo lavoro non è solo un gioco di prestazioni, ma anche una continua ricerca di equilibrio. Mantenere la calma quando il cliente vuole subito i risultati, mantenere il passo quando il mercato sembra muoversi più veloce di quanto avrebbe mai potuto immaginare.

Christian si concede una pausa, con la stessa tazza di caffè che lo ha accompagnato per ore, il vapore ormai dissipato. Riflette sulla sua situazione. Quella di ieri sembrava una montagna impossibile da scalare, ma oggi sembra solo un altro passo nel suo viaggio. "Forse questo è il momento giusto," si dice. Non ha più paura di fallire, o forse ha imparato che ogni fallimento è solo un'ulteriore occasione di crescita. Il lavoro da freelance ha il potenziale di diventare la sua grande avventura, ma anche i suoi giorni sono un mix di entusiasmo e incertezze, come quel mare che gli sta davanti ogni giorno. In ogni onda, c'è una nuova sfida da superare. Ma per la prima volta, non è più la paura a guidarlo. È la voglia di esplorare, di rimanere curioso, di cogliere ogni opportunità che arriva. E chissà, forse anche questo è un inizio.

Con il sorriso che gli si forma sul viso, pensa a quanto sia strano il destino: quando si è pronti a mollare tutto, si trova il proprio cammino. E chissà dove lo porterà.

Christian aveva sempre pensato che la burocrazia fosse una questione italiana, un retaggio di un passato troppo lontano da dimenticare. Ma alle Canarie, pur con il cielo sempre azzurro e l'aria fresca che ti accarezza come una carezza, si è presto reso conto che, anche qui, la burocrazia aveva il suo posto.

Era una mattina calda, come tutte le altre. La luce del sole penetrava con forza attraverso la finestra del suo appartamento, proiettando ombre nette sul pavimento bianco. Christian stava bevendo il suo solito caffè mentre si preparava per l'ennesima visita all'ufficio delle imposte. La tazza in ceramica bianca, ormai usurata dalla routine, sembrava riflettere la sua stessa frustrazione. Non era solo la caffettiera a fischiare, ma anche la sua mente, che iniziava a chiedersi se ci fosse davvero bisogno di tutto quel processo. Il calendario segnava il terzo giorno consecutivo di attese estenuanti e incontri con impiegati che sembravano parlare in una lingua criptica, come se stessero comunicando con il divino piuttosto che con un cliente. "Ma davvero, non potevano inventarsi un modo migliore?" pensava, mentre si infilava una camicia bianca fresca di bucato, quella che usava per i colloqui di lavoro. La camicia, apparentemente perfetta per un freelance, sembrava stridere con la realtà che lo stava aspettando fuori dalla porta.

Il suo telefono vibrò mentre si stava preparando ad uscire, ed era un messaggio di Laura, la sua collega in Italia. "Come va con la nuova vita? Non sembri più così ansioso!" Laura riusciva sempre a smuovergli la vena ironica. "Sì, certo," rispose con un sorriso amaro, "non sono più ansioso, sono semplicemente in attesa... di tutto." Un altro sorriso, ma questa volta, più disincantato.

Una volta arrivato all'ufficio, Christian non poté fare a meno di notare che, nonostante la sua posizione geografica privilegiata, il luogo sembrava non differire molto da un qualsiasi altro ufficio in Italia. Le pareti bianche, i lucernari che lasciavano entrare un po' di sole, ma solo per renderli ancora più sbiaditi, e quella sensazione generale di essere in un limbo che non sembrava voler finire mai. Sedeva su una delle sedie plastiche e osservava la lunga fila di persone, ognuna con il proprio mal di testa da affrontare. L'impiegata dietro il bancone sembrava un angelo caduto dal cielo, ma con un compito preciso: smistare le anime che passavano da lì, senza particolari tracce di simpatia o di empatia. "Buongiorno," disse lei senza alzare lo sguardo, "documenti?" Christian allungò il suo fascicolo, senza nemmeno provare a sorridere. L'aria sembrava fermarsi ogni volta che qualcuno si presentava con quella domanda.

La fila avanzava lentamente, con persone che chiacchieravano tra loro, probabilmente come una forma di autodifesa, nel tentativo di non impazzire prima del loro turno. Christian osservava una donna anziana che, invece di stare in piedi come tutti, si era comodamente seduta a terra, sfilando il suo biglietto come un biglietto da lotteria, quasi si sentisse più fortunata di altri. Christian non riusciva a non sorridere. La situazione lo stava veramente mettendo alla prova, ma riusciva ancora a trovare un certo distacco che gli permetteva di guardarla da un altro angolo. "Tanto la vita alle Canarie non ha fretta," pensò. E, sebbene fosse vero che non ci fosse alcuna fretta, in quella zona di tempo sospeso si sentiva l'ironia di non riuscire mai a uscire da lì.

"Non è questo che chiamano l'inferno dei freelance?" disse a voce alta, per farsi sentire da una signora accanto a lui che stava armeggiando con una borsa più grande del suo ego. La signora lo guardò per un attimo, le labbra sottili che si allungavano in una smorfia di confusione. Poi, come se nulla fosse, tornò a fissare il suo cellulare. "Però il sole qui è sempre acceso," aggiunse Christian in modo sarcastico. La signora non rispose, ma una piccola piega sulle sue labbra fece intuire che forse lo aveva sentito.

Quando finalmente il suo turno arrivò, si avvicinò al banco con quel passo sicuro che cercava di mascherare la frustrazione. "Ecco i documenti," disse, cercando di mantenere la calma. L'impiegata, che ora stava sistemando una matita dietro l'orecchio, lo guardò senza alcuna espressione, come se fosse l'ennesima routine della sua giornata. Poi, esaminò i fogli, li spostò, li fece scivolare su altre pile e rispose con un tono che suonava più a comando che amichevole. "Dovrai tornare domani," disse. Christian si sentì come se fosse appena stato colpito da un meteorite che, dopo un attimo di tranquillità, gli aveva lasciato solo un segno profondo nella sua pazienza.

Usò il suo sarcasmo come scudo: "A quanto pare, non sono solo i tram a passare ogni mezz'ora." Ma in fondo sapeva che il tempo non lo avrebbe mai fermato. Non lo aveva mai fatto prima, e non lo avrebbe mai fatto ora. Con un sorriso che sapeva di rassegnazione, si alzò e si diresse verso l'uscita, riflettendo su quanto la vita fosse strana. Aveva trovato il posto perfetto, ma ancora doveva fare i conti con il mondo che sembrava rifiutarsi di cambiare.

Fuori, la luce del sole sembrava più luminosa, eppure, nonostante tutto, c'era un senso di consapevolezza che lo faceva sentire vivo. "Beh, almeno il sole non manca mai," ripeté tra sé e sé. E, in effetti, anche quando la burocrazia cercava di spegnere la sua energia, la luce delle Canarie sembrava dirgli che ci sarebbe stato sempre qualcosa da cui ripartire.

Con il passare dei giorni, Christian cominciò a sentire che la sua nuova vita alle Canarie, sebbene piena di sfide, stava lentamente prendendo forma. La spinta iniziale che lo aveva portato fin lì non era più solo un desiderio di fuga, ma un cammino che stava finalmente dando frutti, anche se piccoli e a volte nascosti. Ogni mattina, alzandosi dal letto, osservava il panorama dal suo appartamento: il mare all'orizzonte, le montagne che facevano da cornice alla città, e il cielo sempre limpido che sembrava dargli un'aria di respiro. Eppure, nonostante quella perfezione, la sua vita era tutt'altro che priva di difficoltà.

La fatica di far crescere il suo business da freelance era evidente. Le riunioni con i clienti erano spesso impegnative, i contratti non sempre vantaggiosi, e le attese per ottenere pagamenti un po' troppo lunghe per i suoi gusti. Tuttavia, sentiva dentro di sé un senso di determinazione che non aveva mai sperimentato prima. "Sì, forse non è facile come sembra," rifletteva mentre rispondeva a una e-mail con una proposta creativa. "Ma nessuno ha mai detto che lo sarebbe stato, giusto?" Si fermava a pensare, a volte con la penna in mano, altre volte con il telefono all'orecchio, immerso nei suoi pensieri. I vestiti che indossava, ormai sempre più informali — una t-shirt nera che parlava della sua personalità, e pantaloni casual che non volevano più appartenere alla routine di ufficio — erano il simbolo del cambiamento che stava vivendo. Era libero, sì, ma quella libertà portava con sé un'altra dimensione: la responsabilità di essere costantemente in movimento, di affrontare ogni giorno con la consapevolezza che nessuna sfida sarebbe mai troppo piccola per passare inosservata.

Tuttavia, la bellezza della sua nuova vita risiedeva anche nei dettagli quotidiani. Quando si svegliava al mattino, la prima cosa che faceva non era scorrere le e-mail, ma alzarsi, mettersi le scarpe da ginnastica e uscire per una corsa sulla spiaggia. C'era qualcosa di incredibilmente liberatorio nel sentire la sabbia sotto i piedi, nel respirare l'aria salmastra e nel guardare il mare con una serenità che, per la prima volta da molto tempo, gli dava la sensazione che nulla fosse fuori posto. La fatica del corpo, mista alla pace dell'ambiente, gli permetteva di liberare la mente dai pensieri ingombranti che avevano affollato i suoi giorni in Italia.

Non era solo il lavoro a fargli sentire che stava cambiando. Ogni cliente soddisfatto, ogni piccola richiesta che veniva soddisfatta, diventava un motivo di orgoglio, ma anche una spinta per andare avanti. La soddisfazione che provava quando riceveva un "grazie" o un "ottimo lavoro" era indescrivibile. Non perché fosse una novità, ma perché era la prova che la sua scelta, sebbene difficile, stava finalmente dando frutti concreti. Ogni piccolo passo, ogni nuova opportunità, contribuiva a costruire quella sensazione di controllo che sentiva inaspettata. La sensazione che finalmente non fosse più solo un altro ingranaggio in un sistema, ma il proprietario del suo destino.

In quei momenti di crescita professionale, Christian trovava spesso rifugio nell'attività fisica. Le sue giornate si alternavano tra incontri con i clienti e ore di sport che non avevano più l'odore di dover mantenere una routine imposta, ma il sapore di una necessità che gli dava pace. La palestra che aveva trovato nella zona offriva non solo attrezzi moderni, ma anche uno spazio dove il sudore e le sfide fisiche sembravano trasformarsi in una metafora di quelle psicologiche che affrontava ogni giorno. Ogni ora passata a sollevare pesi, a fare stretching, o semplicemente a correre sul tapis roulant, gli dava un piccolo senso di conquista che, paradossalmente, si collegava strettamente al lavoro che svolgeva a casa.

Eppure, nonostante la soddisfazione che cominciava a percepire nei suoi progressi, c'erano ancora momenti di incertezza. La sera, quando tornava a casa dopo una lunga giornata di lavoro e sport, si sedeva sulla sua terrazza e guardava il tramonto. Le lunghe ombre che si allungavano sulla città, le luci della città che iniziavano a brillare come piccole stelle, gli ricordavano che la vita non era mai un cammino lineare. Non importava quanto ci fosse di buono nella sua nuova vita: non poteva sfuggire al fatto che le sfide, piccole o grandi, erano parte di ogni percorso. Ma mentre sorseggiava un bicchiere d'acqua fresca, con il rumore delle onde che accarezzavano la riva in sottofondo, si rendeva conto che ciò che stava davvero cambiando in lui non era solo la geografia, ma il modo in cui affrontava le difficoltà.

"Ogni passo che faccio sembra portarmi un po' più vicino alla pace," pensò Christian, ridendo tra sé. "E, paradossalmente, non è tanto il lavoro che mi dà soddisfazione, ma la consapevolezza che alla fine, tutto dipende da me." Si sentiva sollevato, ma al tempo stesso concentrato, come un artista che, nonostante il foglio bianco, non temeva di prendere il pennello. Il suo lavoro da freelance non era solo una carriera, era diventato la sua tela, e lui era pronto a dipingerla a modo suo.

Ogni giorno, quindi, non era solo una sfida, ma una vittoria piccola, ma preziosa. Nulla di grandioso, nulla di eclatante, ma la sensazione che ogni pezzo del puzzle stesse finalmente trovando il suo posto.

Christian stava seduto al tavolo della cucina, la finestra aperta su un panorama che avrebbe fatto invidia a chiunque. Il cielo azzurro, il mare che scintillava sotto il sole, le montagne verdi che facevano da sfondo alla città. Il paradiso che aveva sempre immaginato. Eppure, mentre sorseggiava il suo caffè, c'era qualcosa che non riusciva a scrollarsi di dosso. Era come se quella bellezza, così perfetta e intatta, fosse anche il simbolo di una realtà che non si piegava a quel sogno che si era costruito.

Il suo lavoro da freelance, che all'inizio sembrava un'opportunità d'oro, lo stava mettendo a dura prova. Non che mancassero i clienti — anzi, la domanda c'era — ma era la costante ricerca della perfezione, del servizio che rispondesse alle aspettative, che lo consumava. Ogni nuova email da rispondere, ogni proposta da inviare, sembrava aggiungere un peso invisibile sulle spalle che non riusciva mai a togliersi. E poi c'era la parte che odiava di più: l'incertezza economica. Le montagne russe finanziarie, che si alternavano tra giorni buoni e giorni in cui sentiva che il suo conto bancario fosse un po' più affamato di lui.

Il suo appartamento, seppur in una zona tranquilla e accogliente, sembrava quasi un monolocale in un sogno che non riusciva a diventare realtà. Le pareti, con i colori chiari e il minimalismo tipico di chi cerca di rendere gli spazi più ampi di quello che sono, gli ricordavano che anche se la sua vita stava cambiando, non si stava trasformando completamente. La solitudine, che in principio aveva visto come un'occasione di crescita, stava cominciando a sembrargli una compagna troppo silenziosa, che a volte gli stringeva la gola più di quanto avrebbe voluto ammettere.

Eppure, ogni giorno c'era quella piccola scintilla che non riusciva a spegnere. "Non è che tutto vada male, è solo un po' più complicato di quanto pensassi," si ripeteva, sorridendo a se stesso in uno di quei momenti in cui cercava di tenere insieme i pezzi. Il contrasto era palese. La sua nuova vita alle Canarie, con il suo clima perfetto, la sua bellezza mozzafiato, sembrava essere il quadro di un sogno, ma dentro c'erano troppi angoli da sistemare, troppe crepe da colmare. Non che si stesse pentendo. No, tutt'altro. Era grato per l'opportunità, ma la realtà aveva un modo tutto suo di rimettere in discussione le certezze. E le sfide non finivano mai, anzi, sembravano diventare più evidenti man mano che cercava di sistemare una parte della sua vita, solo per trovarne un'altra da mettere in ordine.

"Magari è il destino che vuole farmi vedere che le cose non sono mai facili, nemmeno nel paradiso," pensava Christian, guardando la sua scrivania. Il computer era acceso, la pagina di un cliente ancora da contattare era lì a fissarlo. Il messaggio che stava per scrivere sembrava essere una delle mille cose che avrebbe potuto fare con più calma, con più chiarezza, ma c'era sempre quel piccolo freno che lo bloccava. La paura di non riuscire a farcela, di non essere in grado di sostenere tutto, di dover ammettere che forse, nonostante la bellezza delle isole, non aveva ancora trovato il posto dove la sua stabilità fosse veramente garantita.

E mentre osservava la finestra e il mare al di là, con la luce del tramonto che lo accarezzava, il pensiero più persistente che lo tormentava era: "E se fossi troppo lontano per tornare indietro, ma troppo vicino per fare un altro salto nel buio?" La risposta non arrivò mai subito, ma con il tempo cominciò a capire che non sarebbe mai stato facile. La vita, come quel mare che brillava al tramonto, era bella e difficile allo stesso tempo. Ma, se voleva davvero trovare la sua serenità, non avrebbe potuto fare a meno di accettare anche la fatica, la frustrazione, e l'incertezza che facevano parte del pacchetto.

"Almeno posso dire di provarci," pensò, lasciando il caffè a metà, come se quel gesto di non finirlo fosse un atto simbolico. "E poi," aggiunse con un sorriso ironico a se stesso, "se non riesco a sistemare tutto adesso, posso sempre prendermi una pausa al tramonto. Qui non manca mai, e la vista fa dimenticare tutto... almeno per un momento."

Christian si svegliò al solito suono del mare che lambiva la riva, un suono che ormai faceva parte della sua vita quotidiana alle Canarie. Il cielo era di un blu perfetto, una tela immensa senza una nuvola a disturbare la sua vista. La luce del mattino filtrava dalla finestra, illuminando il suo piccolo appartamento con i suoi mobili semplici, ma eleganti. Non

c'era nulla di superfluo; ogni cosa aveva il suo posto, e ogni cosa sembrava dirgli che era arrivato nel posto giusto.
"Eppure," pensava Christian, mentre si stropicciava gli occhi ancora assonnati, "questo posto non è la mia salvezza, è solo il palcoscenico su cui recitare la mia parte."
Lontano dalle frenesie italiane, le Isole Canarie gli avevano dato la pace di cui aveva bisogno. Ma la vita da freelance, pur promettendo tanto, era tutt'altro che facile. Ogni giorno era una nuova sfida, ogni incontro con un cliente una nuova opportunità di confermare o mettere in discussione le sue capacità. Ma più andava avanti, più Christian si rendeva conto di una verità che cominciava a germogliare in lui: il sistema meritocratico che aveva trovato era esattamente ciò di cui aveva bisogno. Qui, alle Canarie, il successo non si guadagnava con raccomandazioni o colpi di fortuna, ma con il lavoro, la creatività e la capacità di risolvere problemi. E forse, per la prima volta, si sentiva veramente sfidato nel modo giusto.
Si sistemò al tavolo della cucina, dove il laptop era già acceso e pronto per una nuova giornata di lavoro. Il caffè, che stava sorseggiando con calma, aveva il sapore di una vittoria conquistata con fatica: quello che una volta sarebbe stato un normale inizio di giornata, adesso era per lui un momento di riflessione. "Ogni passo che faccio qui mi porta un po' più vicino alla versione migliore di me stesso," pensava, guardando lo schermo del computer con un sorriso di soddisfazione.
Il primo incontro della giornata sarebbe stato con un nuovo cliente, e Christian lo affrontava con un misto di eccitazione e determinazione. Non c'era più la paura di sbagliare come in passato, né la sensazione di essere intrappolato in un meccanismo che non gli apparteneva. Il suo lavoro, pur se precario e a volte incerto, sembrava avere un valore maggiore, perché lo stava costruendo da solo, con le sue mani, con le sue idee.

La sua creatività era in fermento. Ogni progetto che si presentava gli offriva una nuova possibilità di mettersi alla prova, di migliorare, di rimanere competitivo in un mercato che, nonostante le difficoltà, offriva possibilità reali di crescita. Le idee che una volta restavano confinate nei suoi pensieri ora prendevano forma. Un sito web per un piccolo imprenditore locale. Un logo per una start-up che voleva espandersi. Un progetto di marketing per una caffetteria che puntava a crescere. Ogni lavoro, pur essendo un tassello di un puzzle che non aveva ancora la forma definitiva, lo motivava a dare sempre di più. La sua mente era un cantiere in continuo movimento, dove nuove idee venivano alla luce con la stessa naturalezza con cui il sole sorgeva ogni giorno. La bellezza della sua nuova vita, però, non risiedeva solo nel lavoro, ma nella serenità che questo gli dava. Non sentiva più il peso di doversi conformare a un sistema che non rispecchiava i suoi valori. Qui, alle Canarie, sentiva che tutto ciò che faceva aveva un significato. Se il suo successo dipendeva solo dalle sue forze, dalla sua capacità di produrre e creare, allora era giusto. Il sistema lo premiava per ciò che era, non per chi conosceva o per quanto fosse disposto a piegarsi alle convenzioni. Era finalmente libero. E per la prima volta, non si sentiva solo in una corsa contro il tempo. Quando uscì per una passeggiata dopo il lavoro, il paesaggio che si apriva davanti a lui sembrava non finire mai. Il mare che si perdeva all'orizzonte, le montagne che abbracciavano la città, l'aria fresca che gli accarezzava il viso. Era un paesaggio che gli ricordava ogni giorno la fortuna di aver trovato il posto giusto, ma anche la consapevolezza che doveva continuare a impegnarsi per far crescere quella fortuna. "Non è facile," pensava mentre camminava. "Ma nessuna delle cose che valgono veramente lo è." Il pensiero di non essere più solo uno spettatore nella sua vita gli dava una nuova energia. Non era più in attesa di una carriera che decollasse, né stava cercando risposte da qualcun altro. Stava costruendo la sua vita come voleva, secondo le sue regole, affrontando le sfide con il sorriso e la determinazione che lo avevano sempre contraddistinto. "Forse," si diceva, "se ci fosse una strada più facile, non sarebbe quella giusta."

Con questo pensiero, Christian alzò lo sguardo verso l'orizzonte, sentendo di avere ancora molta strada da percorrere. Ma per la prima volta, la sensazione di essere nel posto giusto gli dava una certezza che non aveva mai avuto prima: le opportunità di crescita, di cambiamento, erano lì. E spettavano a lui coglierle.

Christian si trovava nel suo appartamento, un piccolo rifugio che ormai conosceva come le sue tasche, ma che non smetteva mai di fargli sentire un pizzico di novità ogni mattina. Seduto alla sua scrivania, con il caffè caldo tra le mani, guardava fuori dalla finestra. Il mare brillava sotto i raggi di un sole che sembrava più gentile rispetto a quello che conosceva in Italia. Era il tipo di bellezza che ti avvolgeva, che ti faceva pensare che non ci fosse nulla di più che avessi bisogno. Ma anche in questo paradiso, le difficoltà non si erano fatte attendere.

La burocrazia, quella bestia che si infilava in ogni angolo della vita quotidiana, era ancora lì, pronta a fargli perdere ore in uffici che sembravano stati creati appositamente per far sentire chiunque intrappolato. La solitudine che inizialmente sembrava un invito a riscoprire se stesso, a volte gli pesava come un macigno. E poi, c'erano i giorni in cui le incertezze economiche gli giravano intorno come un'ombra invisibile, facendo suonare quella piccola campanella dell'ansia ogni volta che guardava il saldo del suo conto corrente.

"Eppure," si diceva, mentre finiva di bere il suo caffè, "questo è il prezzo che pago per essere libero."

Il suo sguardo si posava sulla scrivania, dove una lista di cose da fare si accumulava giorno dopo giorno. Ogni volta che pensava di essere riuscito a sistemare una cosa, ne saltava fuori un'altra. Ma qualcosa era cambiato in lui. Il vecchio Christian, quello che si lasciava travolgere dalla frenesia, quello che impazziva alla sola idea di dover risolvere i mille piccoli problemi quotidiani, era scomparso. Il nuovo Christian aveva imparato a respirare. A rallentare. A vedere le difficoltà non come muri insormontabili, ma come scalini da salire uno dopo l'altro, con calma e determinazione.

La sua giornata era iniziata con una passeggiata nel parco, quella stessa passeggiata che ormai faceva ogni mattina prima di mettersi al lavoro. Il parco era un rifugio di verde, ma anche di riflessioni. Mentre camminava, sentiva il vento caldo accarezzargli il viso, e i suoi passi si facevano leggeri, come se avesse trovato finalmente il ritmo della sua vita. Le piante, gli alberi, il mare lontano: tutto era al suo posto, in equilibrio.

La vita da freelance non era affatto facile. Ogni tanto doveva affrontare quei momenti di frustrazione, quei silenzi durante le attese di un cliente che sembrava non arrivare mai, le incertezze sulle prossime fatture da inviare, ma oggi, per la prima volta, si sentiva in pace. Nonostante tutto. "Ecco cosa conta davvero," pensò mentre osservava un bambino che giocava con il pallone, ridendo di gioia. "Non c'è da aspettare il momento giusto, non c'è da aspettare che tutto vada bene. La serenità sta nel vivere il momento, nell'affrontare ciò che arriva con il sorriso."

L'autoironia era la sua arma segreta. Nei momenti di difficoltà, quando le cose sembravano complicarsi, si trovava a dire qualcosa di sarcastico. Come quel giorno, quando aspettò per ore in un ufficio, senza alcuna spiegazione, ma con un sorriso forzato sulle labbra, fece una battuta che suonava come una punizione per il sistema: "Beh, almeno il sole non manca mai!"

Si alzò dalla sedia e guardò fuori dalla finestra. La luce dorata del tramonto si rifletteva sul mare e un pensiero gli attraversò la mente: *forse non è mai stata la destinazione a fare la differenza, ma la consapevolezza di essere finalmente nel posto giusto per me.*

Christian si alzò e si diresse verso la sua terrazza. Il cielo che si tingeva di arancio e rosa gli regalava una pace che non sentiva da anni. Ogni giorno, le sfide non si facevano meno, ma ora, quando le affrontava, c'era una sorta di leggerezza che non aveva mai conosciuto prima. Una nuova serenità. Non era la serenità che ti fa dimenticare i problemi, ma quella che ti permette di guardarli negli occhi e affrontarli senza essere sopraffatti.

Il suono delle onde in lontananza, la freschezza dell'aria marina, l'orizzonte che sembrava non finire mai: tutto gli parlava di un equilibrio che non aveva mai cercato, ma che ora sentiva come un dono. Sorrise a se stesso, riconoscendo che, nonostante la strada fosse ancora lunga, era sulla via giusta. Ogni difficoltà che affrontava non era più un ostacolo da evitare, ma un'occasione per crescere, per imparare a essere più forte, più sereno.

"Non è la vita perfetta che avevo immaginato," si disse mentre si appoggiava al parapetto della terrazza, "ma è quella che avevo bisogno di vivere." E per la prima volta, senza fretta, si fermò a guardare il panorama, lasciando che quel momento fosse tutto suo.

Il futuro alle Canarie

Christian si svegliò con la sensazione che la giornata avesse un sapore diverso. Era la prima volta che si svegliava alle Canarie e, stranamente, il sole sembrava accarezzarlo con un'intensità che non aveva mai provato. La luce filtrava dolcemente attraverso la finestra, proiettando ombre leggere sui mobili del suo appartamento, mentre il cielo all'esterno si tingeva di un azzurro che sembrava non finire mai. Non era solo l'alba a dargli quella sensazione, ma la consapevolezza che la sua vita stava cambiando, che quella luce che entrava dalla finestra non era la stessa che aveva visto ogni mattina a Milano.

Si alzò lentamente, il corpo che si adattava a un nuovo ritmo, più rilassato, quasi fluido. Si avvicinò alla cucina, indossando la sua t-shirt nera, comoda e semplice, che gli dava la sensazione di essere sempre pronto ad affrontare qualsiasi sfida. Come un rito, accese la caffettiera, il suono del caffè che iniziava a gorgogliare mentre lui si affacciava alla finestra, e guardò giù, verso la città che si svegliava lentamente. I palazzi bianchi, il mare in lontananza, le colline che facevano da cornice... tutto sembrava perfetto, quasi dipinto. Ma ciò che davvero lo colpiva era il silenzio che lo avvolgeva, un silenzio che non aveva mai trovato in Italia, dove la frenesia era una costante.

Prese una tazza e la riempì con il caffè appena fatto, e mentre il suo odore lo inebriava, si fermò per un istante, sorseggiando lentamente, godendo di quel momento. Ogni sorso sembrava un segno che qualcosa di nuovo stava accadendo dentro di lui. Si chiese se quella sensazione di tranquillità sarebbe durata o se, come aveva sempre fatto, la sua mente avrebbe trovato una nuova sfida da inseguire. Ma per ora, si concedeva quel lusso, il lusso di non dover correre, di non dover rispondere a nessuno se non a se stesso.

Mentre il caffè finiva, si sedette al tavolo e guardò di nuovo fuori. Ogni mattina, da quel momento in poi, sarebbe stata una nuova opportunità. Non solo perché le Canarie gli offrivano un paesaggio che toglieva il fiato, ma perché ora sentiva che il futuro non dipendeva da ciò che gli altri si aspettavano da lui. Non c'era più il peso delle scelte imposte dalla società o dalle circostanze. Ora, finalmente, tutto era nelle sue mani. Le sue scelte erano le uniche che contavano.

"E se avessi davvero trovato il posto giusto?" si chiese, più per gioco che per convinzione. Ma la risposta sembrava lì, davanti a lui, sotto il cielo infinito delle Canarie. Ogni giorno avrebbe potuto essere diverso. Ogni mattina avrebbe potuto svegliarsi e scegliere che tipo di persona voleva essere. Quel pensiero gli dava una sensazione di potere che, fino a poco tempo fa, gli sarebbe sembrato impossibile da ottenere.

Con un altro sorso di caffè, sorrise a se stesso, come se quella semplicità fosse la chiave di tutto. Non doveva più correre, non doveva più temere il futuro. Era lì, in quel momento, a vivere, a godere delle piccole cose. E per la prima volta in molto tempo, Christian si sentiva davvero libero. Christian non aveva mai davvero prestato attenzione alle piccole cose, quelle che, come tanti, considerava banali. Ma ora, alle Canarie, ogni passo sembrava avere un peso diverso, un valore che non aveva mai percepito prima. La sua routine, per quanto semplice, si era trasformata in una serie di piccole vittorie. Ogni mattina che si svegliava senza la frenesia di dover correre al lavoro, senza la sensazione di essere un ingranaggio in una macchina troppo grande per lui, era già una vittoria. Non doveva più indossare la sua maschera da "uomo impegnato", correndo da una riunione all'altra, fingendo di non sentire il peso del sistema che lo stava soffocando.

Una delle prime vittorie del giorno arrivò appena uscì di casa. Un passo dopo l'altro, attraversò le strade tranquille del quartiere, mentre il sole splendeva alto, e l'aria, tiepida ma mai soffocante, gli accarezzava la pelle. Non doveva correre, non c'era una scadenza che lo minacciava. Si fermò a guardare una pianta che aveva visto crescere da quando si era trasferito: un piccolo fiore giallo che spuntava tra le rocce, la sua forma delicata e perfetta. Era la stessa sensazione che sentiva dentro di sé: una piccola vittoria che cresceva lentamente, ma con solidità.

Durante la sua passeggiata, pensava a quante volte in passato avrebbe ignorato quel fiore, considerandolo solo un altro dettaglio insignificante. Eppure ora, sembrava una metafora perfetta della sua nuova vita. "Forse la bellezza sta proprio nei dettagli," pensò, sorridendo tra sé e sé. Lì, nel suo piccolo angolo di mondo, stava imparando a cogliere quei dettagli. Ogni piccola conquista personale, come quella passeggiata, stava costruendo qualcosa di più grande.

La giornata continuò con una riunione con uno dei suoi clienti. Un incontro che, in passato, sarebbe stato solo una formalità, un'altra faccenda da sbrigare in mezzo a mille altre. Ma oggi, con un sorriso genuino, Christian si sedette al tavolo, consapevole che quel cliente era soddisfatto del suo lavoro. "Non pensavo che avrei mai trovato qualcosa che mi rendesse così soddisfatto," rifletté, stringendo la mano al cliente con un senso di orgoglio che non aveva mai provato prima. Non si trattava solo di un altro contratto firmato, ma della conferma che, finalmente, stava facendo le cose nel modo giusto. Le parole del cliente erano come una piccola medaglia da appendere al collo.

"Ci vediamo alla prossima, Christian. È un piacere lavorare con te." Le parole del cliente risuonarono nella sua testa mentre tornava verso casa. Era incredibile come una frase così semplice potesse significare tanto. Non era solo un cliente soddisfatto; era la prova che, nonostante tutte le incertezze, stava trovando il suo posto nel mondo.

Il pomeriggio lo trovò sulla terrazza del suo appartamento, con una tazza di tè in mano, mentre osservava il panorama delle colline verdi e del mare che luccicava sotto il sole del tardo pomeriggio. Una volta, si sarebbe sentito colpevole per quel momento di calma, sentendo che doveva fare di più, correre di più, produrre di più. Ma ora, quella tranquillità gli sembrava l'ingrediente essenziale per fare crescere davvero le sue idee. Non c'era fretta. Ogni giorno gli dava una nuova motivazione per andare avanti.

La sera, mentre camminava lungo la spiaggia, l'acqua fresca gli lambiva i piedi, e il suono delle onde lo rassicurava. Non aveva più la sensazione di vivere in un posto che non gli apparteneva. Nonostante le difficoltà economiche che continuavano a fare capolino ogni tanto, nonostante le preoccupazioni per il futuro, c'era qualcosa di profondamente liberatorio nel guardare il mare e sapere che non doveva più rispondere a nessuno se non a se stesso. Ogni passo, ogni piccola vittoria, lo avvicinava sempre di più alla vita che aveva sempre sognato. E non avrebbe mai più permesso che la paura o l'incertezza gli impedissero di cogliere quei momenti di serenità. "Per la prima volta," pensò, "sto facendo davvero ciò che voglio, non ciò che gli altri si aspettano da me."

Christian si fermò davanti alla finestra, osservando il paesaggio che ormai faceva parte della sua quotidianità: il mare che scintillava sotto il cielo sereno, le montagne in lontananza, e le case bianche che si arrampicavano sulle colline come se fossero state dipinte con un pennello morbido. Ma oggi non c'era nessun rumore a disturbarlo. Non c'era il traffico, non c'era il frastuono della città, non c'era il richiamo continuo delle cose da fare. Solo silenzio. Un silenzio che, inizialmente, gli era sembrato insostenibile. La solitudine, per lui, aveva sempre avuto il sapore della prigione. La paura di essere solo lo aveva accompagnato per anni, un'ombra che si allungava ogni volta che si trovava ad affrontare momenti di incertezza. Ma ora, quel silenzio non gli faceva paura. Non più.

A poco a poco, aveva iniziato a scoprire il valore di quei momenti di solitudine. Anzi, se ci pensava bene, quella solitudine stava diventando una sorta di amica fidata, una compagna di viaggio che gli permetteva di rimanere in contatto con il suo vero sé. Ogni volta che il rumore del mondo sembrava sopraffarlo, la solitudine gli offriva uno spazio di riflessione, una pausa per tirare il fiato e ritrovare la calma.

Con il tempo, aveva imparato a stare con se stesso senza sentirsi sopraffatto. Non era più un peso, ma una risorsa. Durante le sue passeggiate sulla spiaggia, mentre l'acqua gli lambiva i piedi, si sorprendeva a godere della propria compagnia. Ogni passo sulla sabbia, ogni respiro profondo, gli dava il senso di essere radicato, come un albero che si abbarbica alla terra con le radici più forti che mai. Non c'era più quel vuoto, quel senso di incompiutezza che lo aveva tormentato quando viveva in Italia. La solitudine, che prima gli sembrava un'ombra, ora sembrava un'onda che lo portava sempre più vicino alla riva della consapevolezza.

"Non è poi così male stare da soli," pensò, sorridendo a se stesso mentre camminava. E quella sensazione, in qualche modo, lo confortava. Le lunghe giornate di lavoro da freelance, le pause solitarie sul suo terrazzo, le serate passate a guardare il tramonto, tutto sembrava avere una sua bellezza silenziosa.

Quando aveva deciso di partire, aveva temuto che la solitudine lo avesse raggiunto inesorabilmente, come una condanna. Ma la solitudine alle Canarie non era quella che immaginava. Non era la solitudine di un uomo in esilio, lontano da tutto ciò che conosceva. Era una solitudine che gli dava spazio. Lo faceva riflettere su ciò che desiderava veramente dalla vita. Era come un campo aperto, dove la sua mente potesse vagare liberamente, senza le catene delle aspettative degli altri.

"Magari è qui che dovevo venire," si disse, mentre osservava la bellezza del paesaggio che lo circondava. La sua mente si liberava da ogni peso, e per la prima volta in anni, si sentiva veramente in pace con se stesso. Le piccole cose che prima non notava – un raggio di sole che filtra attraverso le nuvole, il suono del vento che scuote le palme – ora erano in grado di riempire i suoi pensieri.

Ogni volta che si trovava a riflettere, ogni volta che si sentiva solo, non era più una sensazione di abbandono, ma una di rinascita. Non aveva più paura di stare da solo con i suoi pensieri, con le sue incertezze. Stava imparando a dialogare con se stesso, a guardarsi dentro senza paura di ciò che avrebbe trovato. La solitudine non lo minacciava più. Anzi, cominciava a vedere in essa un'opportunità per crescere, per fare un passo in più verso la sua evoluzione personale.

Sorseggiando un caffè sulla terrazza, Christian pensava che, alla fine, la solitudine non fosse altro che un veicolo per la consapevolezza. Era il momento di mettersi davvero in ascolto, senza le distrazioni del mondo esterno. "E se ci fosse qualcosa che mi sfugge?" rifletté. La domanda gli risuonava nella mente, ma stavolta non era un timore, era un invito. Un invito a scoprire cosa davvero voleva dalla vita. "Forse," concluse, "la solitudine non è una condanna, ma una porta che si apre su nuovi orizzonti."

E mentre il sole calava dietro le montagne, il suo cuore, per la prima volta, si sentiva leggero. Il rumore del mondo, con tutte le sue distrazioni e aspettative, sembrava lontano. Quella solitudine, così tanto temuta, era diventata la sua compagna di viaggio. Una compagna che lo avrebbe accompagnato lungo il cammino della sua nuova vita, senza paura, senza rimpianti.

Christian si trovava alla scrivania, una tazza di caffè fumante accanto al computer, mentre guardava la schermata del suo monitor, il riflesso dei suoi occhi che brillavano di un entusiasmo che non provava da tempo. Le ore passavano rapide, eppure non si sentiva mai sopraffatto. Non come quando cercava di destreggiarsi in Italia, cercando di farsi strada in un sistema dove le connessioni sembravano contare più di ogni altra cosa. Qui, alle Canarie, sembrava che la meritocrazia non fosse un concetto astratto, ma una realtà palpabile che gli permetteva di navigare con maggiore fiducia.

Si fermò un momento, osservando il panorama fuori dalla finestra. Il mare era tranquillo, come se il mondo stesso fosse finalmente in pace con lui. "Forse qui ho trovato la mia rotta," pensò. Ogni giorno, mentre portava a termine un progetto, ogni cliente che lo ringraziava, era come se stesse salendo un gradino, da solo, senza il peso di nessun favore, nessuna raccomandazione. Non era più costretto a vendere sé stesso in base a chi conosceva o a ciò che doveva promettere. Il suo lavoro parlava per lui, e il mondo sembrava finalmente disposto ad ascoltare.

Il sistema meritocratico, che un tempo gli era sembrato un concetto ideale ma irraggiungibile, ora era diventato la sua nuova realtà. Non c'erano più scorciatoie. Non c'erano più compromessi. Ogni risultato, ogni piccolo traguardo raggiunto, era il frutto di ore di concentrazione, di fatica, ma anche di una libertà che finalmente si sentiva sua. Qui, alle Canarie, non importava da dove venivi o con chi parlavi. Ciò che importava era quanto riuscivi a dare, e quel principio lo rendeva felice.

"Non c'è niente di più motivante di una competizione sana," si diceva Christian, mentre leggeva l'email di un cliente soddisfatto. Non era solo un lavoro che stava facendo. Era il primo passo verso un futuro che stava costruendo con le proprie mani. Non aveva più paura di fallire, perché qui, ogni insuccesso era solo un'opportunità di miglioramento. Un'opportunità che non si sarebbe mai concessa in Italia, dove la competizione sembrava sempre essere più una lotta di potere che una sfida di competenze.

Un altro messaggio, un altro cliente che lo ringraziava per il suo lavoro, gli fece sorridere. La sensazione che provava ora non era più quella di un costante dover dover dimostrare il suo valore, come in passato, ma la certezza che ogni suo passo fosse un passo vero, solido, in una direzione che finalmente aveva scelto lui. Il suo lavoro, ora, era un'espressione di sé, un modo per mostrare la sua creatività senza dover chiedere permesso a nessuno.

Si alzò dalla sedia e si diresse verso la finestra, guardando il cielo azzurro che si rifletteva nell'oceano. "Ogni progetto che finisco, ogni risultato che ottengo, è una conferma che sto facendo la scelta giusta. Qui posso essere me stesso," pensò. Le sue mani erano sporche di inchiostro, ma in qualche modo, in quel momento, sembravano anche piene di possibilità.

Mentre le ore passavano senza mai pesargli, Christian si rese conto che il lavoro da freelance non significava solo libertà in senso pratico, ma anche un'opportunità di crescita infinita. Non c'erano gerarchie che lo soffocavano. Non c'erano responsabilità che si accumulavano su di lui in modo insostenibile. Ogni giorno, ogni passo che faceva, ogni sfida che affrontava con energia e determinazione, lo portavano più vicino alla vita che aveva sempre desiderato, ma che aveva avuto paura di inseguire.

E quando si fermava per un attimo a pensare, capiva che il successo non significava solo raggiungere i propri obiettivi, ma vivere pienamente nel presente, dove ogni momento, anche il più semplice, aveva un valore incredibile. La sua libertà era il risultato della sua capacità di rimanere fedele a se stesso, di affrontare ogni difficoltà con il sorriso, di affrontare la competizione con spirito e determinazione. Ogni piccola vittoria, da quella e-mail di un cliente soddisfatto a quella passeggiata al tramonto, era una conferma che il suo futuro non dipendeva più da altri, ma da lui stesso.

"Ogni giorno è un'opportunità. E io sono pronto a coglierla."

Christian cammina lungo la riva, il suo respiro si sincronizza con il ritmo delle onde che si infrangono sulla battigia, e un sorriso impercettibile compare sulle sue labbra. Il sole, ormai vicino all'orizzonte, dipinge il cielo di sfumature arancioni e rosse, come un quadro appena svelato, e la sua mente sembra essere immersa completamente nel panorama. Non c'è più la frenesia che sentiva in Italia, dove ogni angolo sembrava essere un ostacolo, ogni minuto un peso. Qui, alle Canarie, tutto è diverso. La quiete del paesaggio ha il potere

di rinnovare la sua creatività, come se il mare e le montagne gli parlassero in un linguaggio che non aveva mai compreso prima, ma che ora gli appare così chiaro.
Indossa una t-shirt nera semplice, i pantaloni leggermente svolazzanti sopra le scarpe da ginnastica, un look pratico ma che sembra in perfetta sintonia con il contesto. Ogni passo sulla sabbia gli permette di respirare un po' più profondamente, e il vento fresco che gli accarezza il viso sembra annullare tutte le preoccupazioni. In quel momento, non c'è più nulla che lo preoccupi: né il lavoro da freelance, né la difficoltà di adattarsi a un nuovo ambiente. Tutto è silenzio, tutto è possibile. Gli occhi di Christian seguono il moto delle onde, ogni increspatura nell'acqua sembra riflettere una parte di lui che si sta risvegliando. La sua mente non è più intrappolata nelle gabbie delle scadenze quotidiane che lo avevano sempre assillato, e ogni nuova sfida che lo attende non gli appare più come un peso, ma come una nuova occasione per crescere.
"Non è questo il vero lusso?" si dice tra sé, osservando il cielo che cambia tonalità sopra di lui. Il paesaggio che lo circonda non è solo una decorazione, ma una fonte di energia e ispirazione. Ogni sera, mentre il cielo si tinge di sfumature di rosso e viola, si sente come se il mondo lo stesse invitando a partecipare a qualcosa di più grande. E in effetti, la natura che lo circonda ha il potere di farlo sentire connesso non solo al mondo esterno, ma anche a una parte di sé che aveva sempre ignorato. Il mare che si distende all'orizzonte sembra un invito aperto a tutti i suoi sogni, mentre le montagne che circondano Las Palmas sono un baluardo solido che gli ricorda la sua forza interiore.
Christian sorride, ora consapevole che anche nei momenti di difficoltà, la bellezza del paesaggio non solo lo aiuta a superarle, ma le rende persino più leggere. Camminare lungo la costa, con le dita dei piedi che affondano nella sabbia umida, gli fa sentire una nuova libertà. La stessa libertà che aveva sempre cercato, ma che non riusciva a trovare in Italia,

dove ogni giorno sembrava esserci un nuovo ostacolo da affrontare.

E mentre il cielo sopra di lui diventa sempre più scuro, con le ultime luci del tramonto che svaniscono, Christian si ferma a guardare l'orizzonte. La sua mente è chiara. Ogni nuova sfida che gli si presenta non è più una montagna insormontabile, ma una collina da scalare con calma e determinazione. La sua vita, proprio come il paesaggio che lo circonda, è un'opera in corso, e finalmente si sente pronto a dipingere ogni giorno con i colori che ha scelto per sé.

La sera scende sulle Isole Canarie come una coperta morbida, coprendo la città di Las Palmas con la sua luce dorata. Christian si trova sulla terrazza del suo appartamento, la vista che si estende davanti a lui è mozzafiato. Il mare scintilla di riflessi argentati, mentre le montagne si stagliano contro il cielo che sta virando verso il blu profondo della notte. È un quadro che sembra dipinto apposta per lui, eppure è reale, è la sua realtà, la sua vita.

Non c'è più nessun pensiero che lo disturbi, nessuna voce interiore che gli dica che è in ritardo o che sta perdendo tempo. Le frustrazioni della vita precedente sembrano ormai un ricordo lontano, come una nuvola che si dissolve lentamente nel cielo. Si sente il vento fresco che accarezza il suo viso, e Christian si rende conto che è come se anche la natura gli stesse sorridendo, accogliendolo nel suo abbraccio sereno. Ogni dettaglio della scena che ha davanti – le luci della città che iniziano a brillare, il rumore delle onde che si infrangono sulla riva, il cielo che si scurisce come se stesse eseguendo un ultimo atto di magia prima che la notte prenda il sopravvento – gli parla di una pace che finalmente ha trovato.

Indossa una camicia bianca, le maniche arrotolate fino ai gomiti, e i suoi pantaloni, che un tempo sarebbero stati rigidi e scomodi, ora sembrano adattarsi perfettamente alla sua figura, come se anche il suo corpo avesse trovato la sua dimensione. È comodo, è a casa. Non più intrappolato nei vestiti del passato, ma vestito per la libertà che ha scelto, e che ora ha finalmente conquistato. Christian sorride a se stesso, perché non è più una sensazione fugace che lo sfiora, è qualcosa che lo pervade completamente. Sente che, per la prima volta, ha costruito qualcosa di vero. La sua vita qui non è solo una fuga, ma una scelta consapevole, e quella consapevolezza gli brilla negli occhi.

Un sorso di vino bianco, fresco e cristallino, gli solletica il palato mentre guarda il panorama che si estende davanti a lui. È una sensazione che non ha mai provato prima: una pace che non dipende dalle circostanze, ma da qualcosa che ha dentro di sé. Non è il posto che gli dà la serenità, è il fatto di essere nel posto giusto, di aver scelto di esserci. La Canarie non sono più solo una destinazione, sono il suo punto di arrivo, ma anche di partenza. È il punto in cui finalmente riesce a respirare con la stessa facilità con cui il vento soffia sulla sabbia. Un luogo dove il tempo non corre, ma scorre.

"Questa è la libertà," pensa Christian, il sorriso che gli illumina il volto come una luce soffusa. "Non è solo il sole che brilla ogni giorno. È la possibilità di essere me stesso, senza dover rendere conto a nessuno. Di creare, di vivere come voglio."

Si alza dalla sedia, sentendo la pietra fresca sotto i suoi piedi nudi. La sua vita ora ha un ritmo nuovo, non più il suono della frenesia, ma il battito calmo di un cuore che ha trovato la sua strada. Ogni passo che compie ora è deciso, ma sereno. Non ha più paura del futuro, perché ha imparato che, alla fine, la vita non è solo quello che accade, ma come si sceglie di viverlo. È una danza in cui ogni movimento ha un suo significato, e lui ha finalmente imparato a ballarla con grazia.

Mentre guarda il cielo che ora si è tinto di stelle, Christian sa che ogni momento che ha vissuto qui è stato una preparazione per questo. Non era il clima perfetto, né le opportunità economiche che gli hanno dato la serenità che ora prova. Era la consapevolezza di non essere più in balia degli eventi, di non essere più un estraneo nella sua stessa vita. La serenità, si rende conto, è venuta quando ha deciso di essere sincero con se stesso. Ha trovato il suo posto non solo nel mondo, ma anche dentro di sé.

Con un ultimo sguardo al panorama, il suo cuore è colmo di gratitudine, ma anche di fiducia nel futuro. Il suo viaggio non è finito, ma la sua direzione è chiara. Non ha più bisogno di cercare altrove. È esattamente dove deve essere. E mentre la notte avanza, avvolgendo le Canarie nel suo manto silenzioso, Christian si sente pronto a costruire il futuro che ha sempre sognato. Il paradiso non è un luogo lontano, è qui, ora. E finalmente, con il sorriso sulle labbra e il cuore leggero, Christian sa che ha trovato la pace che cercava.

FINE

9 798305 438215